Duden

WISSEN · ÜBEN · TESTEN

6. Klasse

Deutsch

4., aktualisierte Auflage

Dudenverlag
Berlin

Die Rechtschreibung in diesem Buch folgt im Falle von Schreibvarianten den Empfehlungen von Duden – Die deutsche Rechtschreibung.

Beratungsangebot für Eltern und Lehrer (kostenpflichtig):
Die **Duden-Sprachberatung** beantwortet Fragen zu Rechtschreibung, Grammatik, Zeichensetzung u. Ä.
montags bis freitags zwischen 09:00 und 17:00 Uhr.
Aus Deutschland: **09001 870098** (1,99 € pro Minute aus dem Festnetz)
Aus Österreich: **0900 844144** (1,80 € pro Minute aus dem Festnetz)
Aus der Schweiz: **0900 383360** (3,13 CHF pro Minute aus dem Festnetz)
Die Tarife für Anrufe aus den Mobilfunknetzen können davon abweichen.

Bibliografische Information der Deutschen Nationalbibliothek
Die Deutsche Nationalbibliothek verzeichnet diese Publikation in der Deutschen Nationalbibliografie; detaillierte bibliografische Daten sind im Internet über http://dnb.d-nb.de abrufbar.

Bibliographisches Institut GmbH
Mecklenburgische Straße 53, 14197 Berlin

Redaktionelle Leitung Constanze Schöder
Redaktion Claudia Fahlbusch
Autoren Annegret Ising, Hans-Jörg Richter, Wencke Schulenberg, Dr. Anja Steinhauer (Klappe)

Herstellung Uwe Pahnke
Layout Bachmann Design, Weinheim
Illustration Carmen Strzelecki
Umschlaggestaltung Büroecco, Augsburg; Bachmann Design, Weinheim
Umschlagabbildung iStock (Jennifer Byron); Fotolia (ag-visuell, blankstock, jfhp)
Umschlagillustration SelinaBauer, Berlin

Satz Bachmann Design, Weinheim
Druck und Bindung M. P. Media Print Informationstechnologie GmbH
33100 Paderborn
Printed in Germany

ISBN 978-3-411-72164-1
Auch als E-Book erhältlich unter: ISBN 978-3-411-91186-8

www.duden.de

Inhaltsverzeichnis

1 Wortarten

1.1 Grundlagen

Substantive (Nomen) bezeichnen Lebewesen, Dinge und Begriffe. Sie werden immer **großgeschrieben.**	*Lebewesen:* Mensch – Tier – Baum *Dinge:* Haus – Straße – Stadt *Begriffe:* Liebe – Glück – Leidenschaft
Der begleitende **Artikel** bestimmt das **Genus** (grammatische Geschlecht) des Substantivs. Es gibt bestimmte und unbestimmte Artikel.	*bestimmter Artikel:* **der** Mensch *unbestimmter Artikel:* **ein** Mensch
Man unterscheidet drei grammatische **Geschlechter**: ■ **Maskulinum** (männlich) ■ **Femininum** (weiblich) ■ **Neutrum** (sächlich)	 *Maskulinum:* der Mann – ein Mann *Femininum:* die Frau – eine Frau *Neutrum:* das Kind – ein Kind
Substantive haben einen **Singular** (Einzahl) und einen **Plural** (Mehrzahl). Man bezeichnet dies als **Numerus** eines Substantivs.	*Singular:* **Kind** *(ein einziges Kind)* *Plural:* **Kinder** *(mehrere Kinder)*
Substantive verändern ihre Form je nachdem, welche Rolle sie im Satz einnehmen. Diese Veränderung nennt man **Deklination** (Beugung). Wird ein Substantiv dekliniert, steht es in einem bestimmten **Kasus** (Fall): ■ **Nominativ** (1. Fall) ■ **Genitiv** (2. Fall) ■ **Dativ** (3. Fall) ■ **Akkusativ** (4. Fall)	Die **Kinder** möchten ein Eis. Ich schenke den **Kindern** ein Eis. *Nominativ: Wer oder was?* → das Kind *Genitiv: Wessen?* → des Kindes *Dativ: Wem?* → dem Kind *Akkusativ: Wen oder was?* → das Kind
Pronomen (↗ Kap. 1.4) stehen stellvertretend für ein Substantiv: ■ **Personalpronomen** stehen für Personen, Gegenstände und Begriffe. ■ **Possessivpronomen** geben ein Besitzverhältnis an. ■ **Demonstrativpronomen** weisen auf etwas oder jemanden hin.	 *Personalpronomen:* ich, du, er/sie/es, wir, ihr, sie *Possessivpronomen:* mein, dein, sein/ihr/sein, unser, euer, ihr *Demonstrativpronomen:* dieser/diese/dieses, jener/jene/jenes

WISSEN

Adjektive beschreiben die Eigenschaften oder Merkmale eines Substantivs oder einer Handlung. Sie werden **kleingeschrieben.**	schön – rot – hell – langsam – riesig – neblig – klein – groß – heiß – eisig – glatt
Adjektive können **gesteigert** werden.	*Positiv (Grundform):* hoch *Komparativ:* höher *Superlativ:* am höchsten
Einige Adjektive haben **unregelmäßige** Steigerungsformen, manche Adjektive lassen sich **überhaupt nicht steigern.**	*unregelmäßig:* gut – besser – am besten *nicht steigerbar:* blau – klasse – uralt
Das **Verb** (↗ Kap. 1.2) bezeichnet eine Handlung, einen Vorgang oder einen Zustand. Es wird **kleingeschrieben.** Die Grundform des Verbs bezeichnet man als **Infinitiv.**	stricken – vergessen – liegen
Ein Verb kann seine Form verändern, man nennt dies **konjugieren** (beugen). An dieser Personalform erkennst du z. B. ■ die Person (Wer tut etwas?), ■ den Numerus (Zahl: Wie viele tun es?), ■ das Tempus (Zeit: Wann geschieht es?).	ich schreibe – du schreibst – wir haben geschrieben – sie schrieben
Das **Tempus** des Verbs zeigt an, wann etwas passiert. Den verschiedenen Zeitstufen sind zugeordnet: ■ Gegenwart: Präsens ■ Vergangenheit: Präteritum und Perfekt ■ Zukunft: Futur I, Futur II	*Präsens:* Sie singt. *Präteritum:* Sie sang. *Perfekt:* Sie hat gesungen. *Plusquamperfekt:* Sie hatte gesungen. *Futur I:* Sie wird singen. *Futur II:* Sie wird gesungen haben.
Der **Imperativ** (Befehlsform) drückt eine Aufforderung aus. Er kann sich sowohl an eine einzelne Person als auch an mehrere Personen richten.	*Singular:* Lauf! *Plural:* Lauft!
Die **Präposition** (↗ Kap. 1.3) gibt an, in welchem Verhältnis zwei Substantive zueinander stehen. Deshalb nennt man sie auch Verhältniswort.	Paul geht **mit** Hanna schwimmen.
Die **Konjunktion** (↗ Kap. 1.3) verbindet Wörter, Wortgruppen oder Sätze. Deshalb nennt man sie auch Bindewort.	Paul **und** Hanna gehen schwimmen. Ich gehe ins Bett, **weil** ich müde bin.

WISSEN

ÜBUNG 1 **Suche aus den Sätzen alle Substantive heraus und fülle die Tabellen aus.**

1. Die Kinder hörten dem Nikolaus aufmerksam zu.

Substantiv	Genus	Numerus	Kasus
die Kinder	Neutrum	Plural	Nominativ
dem Nikolaus			

2. Zweifellos machte der Nikolaus meiner Freundin das schönste Geschenk.

Substantiv	Genus	Numerus	Kasus

3. Meinem Bruder brachte er allerdings nur eine Rute.

Substantiv	Genus	Numerus	Kasus

ÜBUNG 2 **Setze mithilfe der Bilder die fehlenden Substantive ein und bestimme ihren Kasus.**

1

2

3

1. Der ____________________ (__________) bürstet den ______________

(__________) des ______________________ (__________).

2. Eine ______________ (__________) kauft in der ____________________

(__________) eine ________________________ (__________).

3. Die ________________ (__________) spielen auf dem ______________

__________ (__________) __________________ (__________).

ÜBUNG 3 **Bestimme die Wortarten.**

1. mein ______________ 2. dem ______________

3. Wörter ______________ 4. oder ______________

5. über ______________ 6. Sprich! ______________

7. lieb ______________ 8. wir ______________

ÜBUNG 4 **Unterstreiche im folgenden Text alle Substantive, Verben, Adjektive, Pronomen, Präpositionen, Artikel und Konjunktionen jeweils mit einer anderen Farbe. Achtung: Ein Wort kannst du noch nicht zuordnen! Welches?**

Meine Deutschlehrerin kam zu meinem Platz und lächelte mich an: „Du hast die beste Arbeit geschrieben. Herzlichen Glückwunsch!" Normalerweise schrieb ich im Diktat eine schlechte Note, aber für dieses Diktat hatte ich geübt. Meine Mitschüler blickten mich mit großen Augen an, als ich das Heft zurückbekam, und klatschten Beifall wegen meiner großartigen Leistung.

Welches Wort konntest du nicht unterstreichen? ______________

WISSEN +

Das Wort, das du noch nicht zuordnen konntest, gehört zu der Wortart **Adverb.** Adverbien liefern immer zusätzliche Informationen, z. B. wann, wo oder auf welche Weise etwas passiert. (Mehr dazu ↗ Kap. 1.3)
Adverb: Er schreibt **heute** eine Deutscharbeit.
Adjektiv: Er schreibt am **heutigen** Tag eine Deutscharbeit.

Tipp: Adverbien werden leicht mit Adjektiven verwechselt. Der wichtigste Unterschied: Adjektive sind veränderbar, Adverbien nicht!

ÜBUNG 5 **Adjektiv oder Adverb? Adjektive können in flektierter (gebeugter) Form zwischen dem Artikel und dem Substantiv stehen, Adverbien nicht. Setze die flektierten Adjektive in die Lücken ein.**

Ich gehe häufig / oft ins Kino.

Die ______________ Kinobesuche machen mich noch ganz arm.

Es gab genug / ausreichend Sitzplätze für alle.

Der Veranstalter bot ein ______________ Sitzplatzangebot.

Einst / früher gab es Ritter und Piraten.

In ______________ Zeiten gab es Ritter und Piraten.

ÜBEN

1.2 Verben

Das Verb gibt an, wann etwas geschieht. Für jedes **Tempus** (Zeitform) steht eine andere Verbform: ■ Präsens und Präteritum sind **einfache Zeitformen**. ■ Perfekt, Plusquamperfekt, Futur I und Futur II nennt man **zusammengesetzte Zeitformen**, weil sie ein Hilfsverb benötigen, um die konjugierte Form zu bilden.	*Präsens:* ich suche *Präteritum:* ich suchte *Perfekt:* ich habe gesucht *Plusquamperfekt:* ich hatte gesucht *Futur I:* ich werde suchen *Futur II:* ich werde gesucht haben
Das **Präsens** bezeichnet ■ etwas, was sich gerade ereignet (1), ■ Aussagen, die allgemeingültig sind (2), ■ etwas, was sich in der Zukunft ereignen wird, wenn aus dem Zusammenhang klar wird, dass es sich um ein zukünftiges Geschehen handelt (3).	(1) Ich **lese** ein Buch. (2) Lesen **bildet.** (3) Morgen **gehe** ich in die Bücherei.
Das **Präteritum** bezeichnet ein abgeschlossenes vergangenes Geschehen. Weil es häufig beim Erzählen verwendet wird, nennt man es auch Erzähltempus.	Es **war** einmal ein reicher König.
Das **Perfekt** bezeichnet ein Geschehen, das zwar in der Vergangenheit abgeschlossen ist, dessen Folgen aber bis in die Gegenwart reichen. Du bildest es mit einer konjugierten Form von *haben* oder *sein* im Präsens + Partizip Perfekt.	Ich **bin gelaufen.** *(Folge: Jetzt bin ich ganz außer Atem.)* Ich **habe** meine Badehose **vergessen.** *(Folge: Nun kann ich nicht ins Schwimmbad.)* Ich **habe verloren.** Ich **bin geschwommen.**
Das **Plusquamperfekt** bezeichnet ein Geschehen, das noch vor den in der Vergangenheit – d. h. im Präteritum – erzählten Ereignissen liegt. Dies nennt man Vorzeitigkeit. Du bildest es mit einer konjugierten Form von *haben* oder *sein* im Präteritum + Partizip Perfekt.	Uns **war** plötzlich **aufgefallen,** dass uns Geld fehlte. Als mein Freund endlich kam, **waren** die meisten Gäste bereits wieder **gegangen.** Ich **hatte verloren.** Ich **war geschwommen.**

WISSEN

Mit dem **Futur** drückt man aus, dass ein Geschehen in der Zukunft liegt.	
Das **Futur I** wird gebildet mit der konjugierten Form von *werden* + Infinitiv des Hauptverbs.	Ich **werde lachen.** Ich **werde laufen.** Du **wirst schreiben.**
Das **Futur II** wird gebildet mit einer konjugierten Form von *werden* + Partizip Perfekt + *sein* oder *haben*. Es bezeichnet ein Geschehen, das in der Zukunft als bereits abgeschlossen angesehen wird.	Ich **werde gelacht haben.** Ich **werde gelaufen sein.** Du **wirst geschrieben haben.**
Außer dem Infinitiv (Grundform) gibt es zwei weitere Verbformen, die nicht nach der Person bestimmt werden: ■ das Partizip Präsens und ■ das Partizip Perfekt.	
Das **Partizip Präsens** (Partizip I) wird vom Präsens abgeleitet. Es entsteht durch das Anhängen von *-d* an den Infinitiv des Verbs. Das Partizip Präsens kann wie ein Adjektiv verwendet werden.	*Infinitiv:* lachen *Partizip Präsens:* lachen**d** Ich hörte die **lachenden** Kinder.
Das **Partizip Perfekt** (Partizip II) bezeichnet ein Geschehen, das bereits beendet ist. Es wird gebildet mit der Vorsilbe *ge-* und der Endung *-t* oder *-en*. Das Partizip Perfekt wird zur Bildung der Zeitformen Perfekt, Plusquamperfekt und Futur II benötigt. Es kann ebenfalls wie ein Adjektiv verwendet werden.	**ge**lach**t** **ge**lauf**en** *Perfekt:* ich habe **gelacht** *Plusquamperfekt:* ich hatte **gelacht** *Futur II:* ich werde **gelacht** haben Die **gestohlenen** Gegenstände tauchten wieder auf.

ÜBUNG 6 **Setze die Verben richtig konjugiert ein. Die Erzählzeit ist das Präteritum.**

Die Entdeckung des Kolumbus

Am Morgen des 12. Oktober 1492 (tauchen) tauchte vor den Augen der Besatzung Land auf. Sie (lassen) __________ sich eine Zeit lang vor der Insel, die die Ureinwohner Guanahani (nennen) __________, treiben. Als sie nackte Menschen am Strand (sehen) __________, (lassen) __________ der Admiral Christoph Kolumbus ein mit Waffen beladenes Boot zu Wasser. Nur zwei weitere Kapitäne (begleiten) __________ ihn, als er das fremde Land (betreten) __________. Sofort (entfalten) __________ Kolumbus das königliche Banner und (nehmen) __________ so die Insel in Besitz für das spanische Königspaar Isabella und Ferdinand. Die Eingeborenen (wissen) __________ damals noch nicht, was diese unrechtmäßige Landnahme für sie (bedeuten) __________. Schließlich (haben) __________ __________ sie noch keine Vorstellung von Eigentum und Diebstahl.

ÜBUNG 7 **Führe die Geschichte weiter, indem du die passenden Verben aus dem Wortspeicher einsetzt.**

ist – geht – stimmt – kennen – schrieb – erreichte – heißt – wähnte sich – drückt … aus – nannte – beruht

Die Namensgebung Indianer für die Ureinwohner __________ auf einer Anekdote, die wir auch heute noch aus der Schule __________. Danach __________ Kolumbus 1492 die Insel und __________ in Indien. Infolgedessen __________ er die nackten Menschen Indianer. Ob diese Geschichte wirklich __________, __________ fraglich. Kolumbus __________ in sein Logbuch: „Un genus in Dios – Ein Volk in Gott“. Somit __________ die Bezeichnung Indios gar nicht auf einen Irrtum zurück, sondern __________ einen tiefen Respekt vor den Ureinwohnern __________. Die Insel Guanahani __________ heute San Salvador.

ÜBEN

ÜBEN

WISSEN

Die Verbformen des Perfekts und des Plusquamperfekts bestehen aus zwei Teilen: der konjugierten Form von *haben* oder *sein* + Partizip Perfekt.	*Perfekt:* ich habe gelacht – ich bin gerannt *Plusquamperfekt:* ich hatte gelacht – ich war gerannt
Haben oder *sein?* Das Hilfsverb *sein* steht meist bei **Verben der Veränderung**, die also einen Wechsel des Zustands oder des Ortes anzeigen.	ich bin eingeschlafen – ich bin geflogen – es ist zerbrochen – sie sind verblüht

ÜBUNG 8 **Schreibe die richtigen Verben unter die Bilder. Ordne sie dann in der unten stehenden Tabelle richtig zu.**

lachen

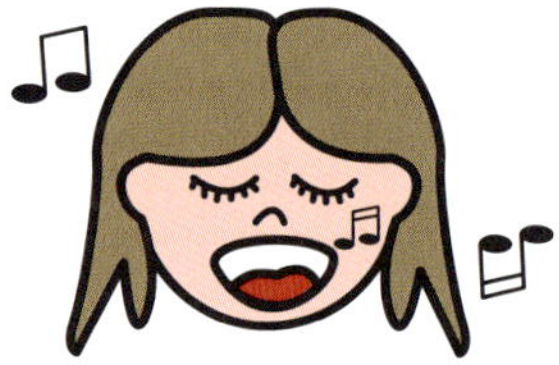

Perfektbildung mit *haben*	Perfektbildung mit *sein*

ÜBUNG 9 **Schreibe aus dem Text alle konjugierten Verben heraus und gib jeweils den Infinitiv an. Benutze dazu dein Übungsheft.**

Daidalos und Ikaros

Daidalos war ein großer Baumeister und Bildhauer in Athen. Er duldete aber keinen anderen Meister neben sich. Auch seinen Neffen, den er selbst unterrichtet hatte, sah er als Gegner an. Als dieser sich anschickte, ebenfalls ein großer Baumeister zu werden, brachte Daidalos seinen Neffen um. Nur durch seine Flucht nach Kreta, wo der König Minos regierte, konnte er seiner Hinrichtung in Athen entgehen. Für Minotaurus, das furchtbare Ungeheuer in der Gestalt eines Menschen und mit dem Kopf eines Stiers, baute er das sagenumwobene Labyrinth. In verschlungenen Gängen und zahlreichen Höfen lebte von da an das Ungetüm, das alle neun Jahre sieben Jünglinge und sieben Jungfrauen verschlang.

ÜBUNG 10 **Bestimme die Zeitstufen: Welches Geschehen liegt in der Zukunft? Welches in der Vergangenheit? Was tut der Schreiber des Briefes jetzt gerade? Trage die Zeitformen richtig in die Tabelle ein. Achtung: Mit dem Präsens kann man auch Zukünftiges ausdrücken!**

Lieber Tom,

vielen Dank für Deinen Brief. Wir haben gestern Weihnachtsferien bekommen. Ich genieße heute den ersten Ferientag und werde gleich nach draußen gehen, denn es hat die Nacht über geschneit. Jetzt liegen schon 10 Zentimeter Schnee und es wird laut Wettervorhersage den ganzen Tag noch weiterschneien. Ich habe mich mit Patrick und Sarah zur Schneeballschlacht am Nachmittag verabredet Heute Vormittag besuchen sie noch ihre Großeltern in Luxemburg. Hoffentlich werden die Straßen nicht so glatt, damit sie pünktlich zu unserer Verabredung wieder da sind.

Ich freue mich auf unser Wiedersehen zu Weihnachten!

Bis bald, Dein Luca

Vergangenheit	Gegenwart	Zukunft

ÜBEN

ÜBUNG 11 **Vervollständige die Tabelle.**

Präsens	Perfekt	Futur II
		wir werden geschwommen sein
	du bist gewesen	
ich rufe		

WISSEN

Der Infinitiv (Grundform), das Präteritum und das Partizip Perfekt bilden die sogenannten **Stammformen** des Verbs. Von diesen drei Formen lassen sich im Deutschen alle anderen Formen des Verbs ableiten.

Infinitiv	*1. Person Sing. Präteritum*	*Partizip Perfekt*
glauben	glaubte	geglaubt
gehen	ging	gegangen

ÜBUNG 12 **Bilde die Stammformen zu folgenden Infinitiven. Achtung: Infinitive, die rot gekennzeichnet sind, werden unregelmäßig gebildet!**

Infinitiv	1. Person Singular Präteritum	Partizip Perfekt
malen		
lachen		
kommen		
reiben		
hören		
sein		

ÜBUNG 13 **Bestimme die Verbformen. Schreibe in dein Übungsheft.**

1. ihr seid gewesen
2. du hattest geschwiegen
3. wir lachen
4. er schwieg
5. ich werde kommen
6. sie hat gesungen

1.3 Adverb – Präposition – Konjunktion

Es gibt im Deutschen einige Wörter, die man nicht beugen (flektieren) kann, ihre Form bleibt immer unverändert.	Adverb Präposition Konjunktion

Adverbien

Das **Adverb** (Umstandswort, Plural: Adverbien) bestimmt die näheren Umstände eines Geschehens. Adverbien können nähere Angaben machen	
■ zum **Ort** (lokal): *wo?, wohin?, woher?,*	draußen – oben – links – hier – dort
■ zur **Zeit** (temporal): *wann?, wie lange?,*	heute – jetzt – zwischendurch – abends – bald – immer
■ zur **Art und Weise** (modal): *wie?, auf welche Weise?,*	gern – normalerweise – barfuß
■ zum **Grund** (kausal): *warum?, weshalb?*	darum – notfalls – folglich – deshalb
Das Adverb kann im Satz verschieden verwendet werden und übernimmt dann unterschiedliche **Funktionen:**	
■ als **selbstständiges Satzglied** (adverbiale Bestimmung),	**Hier** entstehen fünf Neubauten.
■ als **Attribut,** wenn es Einzelwörtern oder Wortgruppen zugeordnet ist,	Sie ist **sehr** nett.
■ innerhalb einer **festen Fügung.**	Ich komme **spätestens** morgen zurück.

Präpositionen

Präpositionen (Verhältniswörter) geben Beziehungsverhältnisse an. Sie kommen immer mit einem übergeordneten Wort vor (meist Substantiv oder Pronomen). Zusammen bilden sie eine Wortgruppe (Präpositionalgruppe).	vor – nach – über – neben – zwischen – zu – bei – an vor dem Haus – nach zwei Stunden – trotz des Regens – wegen der Ferien
Manche Präpositionen können mit dem folgenden Artikel verschmelzen.	ins *(= in das)* Grüne zum *(= zu dem)* Fußballspiel beim *(= bei dem)* Spielen
Auch mithilfe von Präpositionen können nähere Angaben gemacht werden zu	
■ dem **Ort** (lokal),	Ich befinde mich **im** Garten.
■ der **Zeit** (temporal),	Ich komme **nach** dem Mittagessen.
■ dem **Grund** (kausal),	Ich friere **wegen** der Kälte.
■ der **Art und Weise** (modal).	Er kam **ohne** mein Wissen.

WISSEN

Die meisten Präpositionen stehen vor dem Bezugswort.	**nach** Schulschluss
Einige Präpositionen können sowohl vor als auch hinter dem Bezugswort stehen,	meiner Meinung **nach** **nach** meiner Meinung
wenige Präpositionen werden nachgestellt.	neusten Berichten **zufolge**
Sogenannte Doppelpräpositionen umschließen das Bezugswort.	**um** des lieben Friedens **willen**
Präpositionen bestimmen den **Kasus** (Fall) ihres Bezugswortes.	Die Kinder tanzen **um den Baum.** Die Kinder tanzen **unter dem Baum.**
Lokalen Präpositionen folgt ■ auf die Frage *wo?* der Dativ, ■ auf die Frage *wohin?* der Akkusativ.	Das Bild hängt **an der Wand.** *(wo?)* Er hängt das Bild **an die Wand.** *(wohin?)*

Konjunktionen

Konjunktionen (Bindewörter) verbinden Sätze, Wortgruppen und Wörter. Man unterscheidet zwei große Gruppen: nebenordnende und unterordnende Konjunktionen.	
Nebenordnende Konjunktionen verbinden gleichrangige (Teil-)Sätze, Wörter und Wortgruppen. Zu ihnen gehören Konjunktionen,	
■ die Sätze, Wortgruppen und Wörter nur aneinanderreihen,	und – sowie – oder – sowohl ... als auch – entweder ... oder
■ und solche, die Gegensätze und Einschränkungen	aber – trotzdem – doch – jedoch
■ oder einen Grund angeben.	denn
Unterordnende Konjunktionen verbinden einen Nebensatz mit einem Hauptsatz. Sie leiten Aussagen ein	
■ zur Zeit,	während – bevor – nachdem
■ zum Grund,	da – weil
■ zum Zweck,	dass – damit
■ zu Bedingungen,	wenn – falls
■ zu Einschränkungen / Gegensätzen.	obwohl – obgleich

WISSEN

ÜBUNG 14 **Unterstreiche im folgenden Text alle Adverbien.**

Der Fuchs und der Ziegenbock (nach Äsop)

Ein Fuchs fiel unglücklicherweise in einen tiefen Brunnen, aus dem er sich selbst nicht befreien konnte. Sogleich kam ein durstiger Ziegenbock zum Brunnen und als er den Fuchs sah, fragte er neugierig, ob das Wasser gut sei. Der Fuchs lud den Ziegenbock freundlich ein herabzukommen. Das tat der Bock und nachdem er seinen Durst gelöscht hatte, fragte er den Fuchs, wie sie herauskämen. Der Fuchs nahm ihn beiseite und sprach listig: „Stelle dich auf deine Hinterbeine und stemme die Vorderbeine an die Wand. Ich will schnell über deinen Rücken und deine Hörner klettern und dir sofort heraushelfen." So taten sie es auch. Als der Fuchs oben stand, tanzte er ausgelassen und rief: „Wenn du nur einmal nachgedacht hättest, wärst du nicht hier hinabgestiegen, ohne zu wissen, wie du wieder hinauskommst." Freudestrahlend lief er davon.

WISSEN +

Du musst genau unterscheiden zwischen **Wortart** und **Satzglied** (↗ Kap. 2.2)! Eine adverbiale Bestimmung (= Satzglied) kann z. B. aus einem Wort der Wortart Adverb oder Adjektiv bestehen.
Beispiel: Der Fuchs lud den Ziegenbock **freundlich** ein … (freundlich = Wortart Adjektiv + Satzglied adv. Best. der Art und Weise)
Der Fuchs lud den Ziegenbock **heute** ein … (heute = Wortart Adverb + Satzglied adv. Best. der Zeit)

ÜBUNG 15 **Erstelle in deinem Übungsheft – wie unten vorgemacht – eine Tabelle. Ordne die Adverbien aus dem Wortspeicher in die richtige Spalte ein.**

drinnen – stets – darum – deshalb – heute – schließlich – endlich – unterdessen – folglich – irgendwo – glücklicherweise – schnellstens

lokal (Ort: *wo?, wohin?, woher?*)	**temporal** (Zeit: *wann?, wie lange?*)	**modal** (Art und Weise: *wie?, auf welche Weise?*)	**kausal** (Grund: *warum?, weshalb?*)

Fortsetzung der Tabelle im Übungsheft

ÜBUNG 16 **Einige wenige Adverbien bilden Steigerungsformen, indem sie auf andere, veränderbare Wörter zurückgreifen. Fülle die Tabelle aus.**

Positiv (Grundform)	Komparativ	Superlativ
wohl		am besten
sehr	mehr	
bald		am ehesten
	lieber	am liebsten

ÜBUNG 17 **Steigere nun die Adverbien in den Sätzen mithilfe der Tabelle oben.**

Beispiel:
Positiv: Ich spiele gern mit dir.
Komparativ: Ich spiele lieber mit dir.
Superlativ: Ich spiele am liebsten mit dir.

1. Positiv: Er verhielt sich wohl.
   Komparativ: ______
   Superlativ: ______
2. Positiv: Über die Niederlage ärgerten sie sich sehr.
   Komparativ: ______
   Superlativ: ______
3. Positiv: Ich besuche dich bald.
   Komparativ: ______
   Superlativ: ______

ÜBUNG 18 **Erweitere die Sätze, indem du passende Adverbien ergänzt. Achtung: Manchmal musst du den Satz umstellen! Schreibe in dein Übungsheft.**

Beispiel: Ich sehe dich. → Morgen / Gern sehe ich dich.

1. Die Katastrophe konnte verhindert werden.
2. Die betroffenen Familien wurden gerettet.
3. Der Brand wurde gelöscht.
4. Die Zeitungen berichteten über den Vorfall.

ÜBEN

ÜBUNG 19 **Setze richtig ein und bestimme den Kasus.**

1. Paul hängt das Bild an ______________ . (__________)
2. Das Buch liegt auf ______________ . (__________)
3. Das Brot wird in ______________ gelegt. (__________)
4. Der Storch sitzt auf ______________ . (__________)

ÜBUNG 20 **Erstelle in deinem Übungsheft eine Tabelle mit fünf Spalten, die du mit den Überschriften *Zeit*, *Grund*, *Zweck*, *Bedingung* und *Gegensatz* versiehst. Ordne die Konjunktionen aus dem Wortspeicher richtig in die Tabelle ein.**

als – obschon – nachdem – weil – damit – ehe – dass – obgleich – um zu – falls – wenn – da – bis – obwohl

ÜBUNG 21 **Setze die passenden Konjunktionen ein.**

______________ wir das Kino verlassen hatten, besuchten wir noch ein Schnellrestaurant. Meine Mutter bestellte sich nur einen Kaffee, __________ sie kann Hamburger und Pommes frites überhaupt nicht riechen. ______________ sie keine Schnellrestaurants mag, tut sie uns Kindern schon mal den Gefallen __________ spendiert uns ein Kindermenü. __________ wir nie Cola ______________ Pommes zu Hause haben, essen wir das im Schnellrestaurant besonders gerne. ______________ wir wieder zu Hause sind, essen wir gesunde Sachen: Äpfel __________ Bananen essen wir täglich, __________ Birnen mag ich gar nicht.

ÜBUNG 22 **Welche Konjunktion passt nicht dazu? Kreise sie ein und erkläre, warum.**

1. als – nachdem – bevor – falls Erklärung: ____________________
2. und – aber – während – oder Erklärung: ____________________
3. obwohl – und – obgleich – obschon Erklärung: ____________________

WISSEN

Präpositionen, die den gleichen Fall verlangen, können im Satz gereiht hintereinander stehen.	Er sucht die Socke **in** und **unter** dem Bett.
Bei Präpositionen, die verschiedene Fälle fordern, richtet sich der Kasus des Substantivs oder Pronomens nach der zuletzt stehenden Präposition.	Kommt ihr mit *(Dat.)* oder **ohne** *(Akk.)* Kinder? Sie kommen teils ohne *(Akk.)*, teils **mit** *(Dat.)* Kinder**n**.

ÜBEN

ÜBUNG 23 **Bestimme, ob die Präposition ein lokales (Ort), temporales (Zeit), kausales (Grund) oder modales (Art und Weise) Verhältnis ausdrückt.**

1. Jonah hat mit (modal) seinen Freunden eine Abenteuerwanderung im (______) Schwarzwald organisiert.
2. Während (______) der letzten Klassenfahrt ging es mitten in (______) der Nacht los.
3. Philipp war sehr ängstlich. Vor (______) lauter Furcht traute er sich nicht vor (______) das Haus.
4. Nach (______) zwei Stunden wurden alle, ausgerüstet mit (______) einem Kompass und einem Handy für den Notfall, im (______) Wald allein gelassen.
5. Sie sollten den Weg zurück in (______) zwei Stunden schaffen.
6. Am schnellsten war die Gruppe von Fatima. Durch (______) großes Geschick fand sie schnell den Weg durch (______) das unwegsame Gelände.
7. Philipp und seine Freunde taten sich sehr schwer. Erst nach (______) viereinhalb Stunden hatten sie den Weg nach (______) Hause gefunden.

1.4 Pronomen

Wörter, die stellvertretend für ein Substantiv stehen können, werden **Pronomen** genannt.	
Personalpronomen stehen als Stellvertreter für Personen, Gegenstände oder Sachverhalte.	*Singular:* ich – du – er / sie / es *Plural:* wir – ihr – sie Die Hefte liegen hier. → **Sie** liegen hier.
Possessivpronomen geben ein Besitzverhältnis an oder drücken eine Zugehörigkeit aus. Sie begleiten oder ersetzen ein Substantiv.	*Singular:* mein – dein – sein / ihr / sein *Plural:* unser – euer – ihr **Meine** Hose ist blau und **deine** grün.
Demonstrativpronomen weisen auf etwas oder jemanden hin. Die Verwendung von *dieser, diese, dieses* und *jener, jene, jenes* richtet sich nach dem Inhalt: ■ *dieser* weist auf etwas Näheres, ■ *jener* auf etwas Entfernteres hin.	dieser – diese – dieses jener – jene – jenes solcher – solche – solches derselbe – dieselbe – dasselbe Willst du **dieses** Eis haben? Nein, **jenes** dort hinten im Eisfach!
Indefinitpronomen verwendet man bei Angaben über Personen oder Sachverhalte, die man nicht genauer bestimmen kann oder will. Sie richten sich gewöhnlich nach dem Substantiv, das sie begleiten oder ersetzen. Die Pronomen *etwas, man* und *nichts* sind jedoch unveränderlich.	jemand – niemand – etwas – nichts – alle – jeder – kein – manche – mehrere – etliche – man – irgendjemand **Man** konnte gestern **nichts** Neues erfahren.
Die **Relativpronomen** *der, die, das* und *welcher, welche, welches* leiten einen Nebensatz (Relativsatz) ein. Sie richten sich in ihrer Form nach dem Bezugswort. (↗ Kap. 4.2)	Das Haus, **welches** am Fluss stand, wurde abgerissen. Es stand an dem Fluss, **der** in die Mosel mündet.

ÜBUNG 24 **Ersetze die rot hervorgehobenen Wörter bzw. Wortgruppen durch Personalpronomen.**

1. Meine Freundin Alena und ich machen gemeinsam die Hausaufgaben. Dazu treffen ______________ uns jeden Nachmittag.
2. Wo ist Bello? Vor fünf Minuten habe ich ______________ noch gesehen!
3. Im Zoo gefällt es den Kindern sehr gut. Ob ______________ der Zirkus auch gefällt?
4. Die ganze Familie Glücklich fährt morgen in Urlaub. ______________ freuen sich alle sehr darauf.

WISSEN

Deklination der Personalpronomen

	1. Person	2. Person	3. Person
Singular			
Nominativ	ich	du	er – sie – es
Genitiv	meiner	deiner	seiner – ihrer – seiner
Dativ	mir	dir	ihm – ihr – ihm
Akkusativ	mich	dich	ihn – sie – es
Plural			
Nominativ	wir	ihr	sie
Genitiv	unser	euer	ihrer
Dativ	uns	euch	ihnen
Akkusativ	uns	euch	sie

Der Genitiv klingt veraltet und wird daher nur noch sehr selten verwendet.
Beispiel: In der Trauerfeier gedachten sie **seiner**.

ÜBUNG 25 **Welches der vier Pronomen passt nicht in die Reihe? Kreise es ein und begründe dann deine Wahl.**

1. dieser – jener – seiner – solcher Grund: ______________
2. etwas – du – nichts – kein Grund: ______________
3. die – mein – dein – sein Grund: ______________

ÜBEN

ÜBUNG 26 **Suche alle Pronomen heraus und unterstreiche sie. Trage sie anschließend in die richtige Spalte der Tabelle ein.**

Silvester

Etliche Bundesbürger werden auch dieses Jahr wieder viel Geld für ihr Feuerwerk an Silvester ausgeben. Das beliebteste Produkt sind nach wie vor die Raketen, die um Mitternacht in die Luft geschossen werden. Man erwartet für dieses Jahr, dass wieder mehrere Millionen Raketen abgefeuert werden. Hilfsorganisationen weisen jedes Jahr darauf hin, dass das Geld, das für die Knallerei ausgegeben wird, besser gespendet werden sollte. Trotz dieser Hinweise und knapper Haushaltskassen lassen sich die Deutschen diesen Spaß aber nicht nehmen. Neueste Umfragen haben ergeben, dass Frauen lieber ihren Partner zu Silvester knallen lassen, als dass sie selbst zum Feuerzeug greifen. Psychologen erklären solches Verhalten so: Das alte Jahr mit lautem Krachen zu verabschieden, beruht auf dem männlichen Imponiergehabe, das sich bereits zu Urzeiten entwickelt haben soll. Die Lust, sich gegenseitig zu erschrecken, beginne bei manchen Jungen schon im Kindergartenalter und erreiche ihren Höhepunkt in der Pubertät. Es sei somit ein typisch männliches Verhalten.

Personalpronomen	Possessivpronomen	Demonstrativpronomen	Indefinitpronomen	Relativpronomen

ÜBEN

KLASSENARBEIT 1

45 Minuten

AUFGABE 1 **Lies den folgenden Text und unterstreiche alle Verben.**

Beim Kinderarzt

Meistens bist du gesund und brauchst die Hilfe des Arztes nicht. Manchmal jedoch hustest du stark oder bekommst Fieber. In solchen Fällen gehst du mit deiner Mutter oder deinem Vater zum Arzt. Er weiß sehr genau, welche Krankheiten Kinder haben, wie man sie erkennt und behandelt.

Auch wenn dir nichts fehlt, besuchst du von Zeit zu Zeit den Kinderarzt, damit er prüft, ob du dich gesund entwickelst oder eine Schutzimpfung benötigst.

AUFGABE 2 **Fülle die Tabelle mit den 14 Verben aus Aufgabe 1 in der 2. Person Singular aus.**

Infinitiv	Präterium	Plusquamperfekt	Futur I

Aufgabe 3 **Unterstreiche alle Substantive. Schreibe den Text in dein Übungsheft und berichtige dabei die Schreibung der Anfangsbuchstaben.**

Das skelett eines menschen lässt sich mithilfe von röntgenstrahlen sichtbar machen. Auf einem röntgenbild kann man knochenbrüche oder absplitterungen am knochen deutlich erkennen. Der arzt kann anhand des bildes entscheiden, ob es nötig ist, den bruch mit einem gipsverband für mehrere tage oder wochen ruhig zu stellen. Wenn der knochen wieder verheilt ist, entfernt der arzt den gipsverband mittels eines gipsschneiders.

Aufgabe 4 **Unterstreiche alle Personalpronomen einfach, alle Possessivpronomen doppelt.**

Ben und seine Schwester Jette gehen heute zu ihrer Kinderärztin Frau Doktor Baumann. Sie besuchen sie gerne, weil ihr Wartezimmer so aussieht wie ein Kinderzimmer. Die Ärztin hat viele Bilder ihrer kleinen Patienten an einer Pinnwand ausgestellt. Ben schaut sie sich jedes Mal an, denn er hofft, irgendeinen seiner Freunde auf den Bildern wiederzuerkennen. Bis sie aufgerufen werden, spielt Jette zunächst mit der riesigen Eisenbahn. Um die Wartezeit zu verkürzen, lässt sie sich danach von ihrem Vater aus ihrem Lieblingsbuch vorlesen.

Aufgabe 5 **Fülle die Lücken mit passenden Personal- und Possessivpronomen aus. Unterstreiche dann die Personalpronomen einfach und die Possessivpronomen doppelt, kreise alle Indefinitpronomen ein.**

Die Ärztin macht ____________ Arbeit wirklich gut. ____________ untersucht alle stets sehr sorgfältig. In der Sprechstunde zeigt ____________ ____________ Patienten immer genau, was ____________ macht. ____________ lässt die Kinder zunächst mit ____________ Instrumenten spielen, damit ____________ die Angst vor ____________ verlieren und ____________ sich von ____________ untersuchen lassen. Wenn die Untersuchung vorbei ist, gibt ____________ den Kindern ein Gummibärchen und ____________ dürfen sich etwas aus ____________ Spielzeugschublade aussuchen.

TESTEN

AUFGABE 6 **Bestimme die Wortart der rot hervorgehobenen Wörter, indem du sie richtig in die Tabelle einordnest.**

Heute muss Lara mit ihrer Mutter zum Kinderarzt, weil sie schon seit Tagen über Bauchweh klagt. Zunächst hatte die Mutter nichts auf das Bauchweh gegeben und sie weiter zur Schule geschickt, da sie die sehr wichtige Deutscharbeit bei Frau Richter mitschreiben musste. Nachdem die Arbeit geschrieben war, hörte das Bauchweh nicht auf. Gestern musste Lara sich übergeben. Alarmiert durch diesen Vorfall besuchen sie nun den Kinderarzt. Mithilfe eines Ultraschallgeräts macht er die Organe im Inneren des Körpers sichtbar, damit er eine Erklärung für Laras Bauchschmerzen findet.

Adverb	Präposition	Konjunktion

AUFGABE 7 **Präpositionen bestimmen den Kasus (Fall) ihres Bezugswortes. Ordne die hervorgehobenen Präpositionen aus Aufgabe 6 richtig zu. Achtung: Eine Präposition steht mit Genitiv!**

Genitiv	Dativ	Akkusativ

KLASSENARBEIT 2

20 Minuten

Wer wird Wortarten-Kaiser bzw. -Kaiserin?

Wenn du das Kapitel gewissenhaft durchgearbeitet und verstanden hast, wird es dir sicherlich gelingen, bei dieser Klassenarbeit den Titel der Wortarten-Kaiserin bzw. des Wortarten-Kaisers zu erringen. Du kannst die Klassenarbeit auch als Quiz mit deinen Klassenkameraden oder mit jemandem aus deiner Familie durchführen. **Achtung:** Jeweils eine Antwort ist richtig! Schreibe deine Antworten in dein Übungsheft.

AUFGABE 8 **Der Zeitstufe Vergangenheit ist das folgende Tempus zugeordnet:**

- ☐ Präsens
- ☐ Präteritum
- ☐ Futur I
- ☐ Futur II

AUFGABE 9 **Das Adjektiv ist eine Wortart, die …**

- ☐ nicht steigerbar ist.
- ☐ kleingeschrieben wird.
- ☐ nicht deklinierbar ist.
- ☐ großgeschrieben wird.

AUFGABE 10 **Das Personalpronomen ist ein Pronomen, das …**

- ☐ ein Besitzverhältnis angibt.
- ☐ auf jemanden hinweist.
- ☐ einen Relativsatz einleitet.
- ☐ als Stellvertreter für Personen oder Dinge steht.

AUFGABE 11 **Zu der Gruppe von Wörtern, die man im Deutschen nicht verändern kann, gehören auch:**

- ☐ Präpositionen
- ☐ Verben
- ☐ Substantive
- ☐ Pronomen

AUFGABE 12 **Adverbien können u. a. nähere Angaben machen, …**

- ☐ wo etwas geschehen ist.
- ☐ wie viele Menschen bei einem Geschehen dabei waren.
- ☐ wer an dem Geschehen beteiligt war.
- ☐ wem das Geschehen geschadet hat.

AUFGABE 13 **Eines dieser Wörter ist kein Adverb. Welches?**

- ☐ demzufolge
- ☐ deshalb
- ☐ trotzdem
- ☐ sowie

TESTEN

AUFGABE 14 **An der Personalform des Verbs erkennst du:**

- ☐ das Genus (Geschlecht: Maskulinum, Femininum, Neutrum)
- ☐ den Numerus (Zahl: Singular oder Plural)
- ☐ die Steigerungsstufe (Positiv, Komparativ, Superlativ)
- ☐ den Grund, Zweck oder die Folge (kausal)

AUFGABE 15 **Der grammatische Fachbegriff *Deklination* bezeichnet:**

- ☐ die Formveränderung eines Substantivs
- ☐ die Formveränderung eines Verbs
- ☐ die Formveränderung eines Partikels
- ☐ die Formveränderung einer Konjunktion

AUFGABE 16 **Zu der Gruppe der flektierbaren Wortarten gehören:**

☐ Adverbien ☐ unbestimmte Artikel ☐ Konjunktionen ☐ Präpositionen

AUFGABE 17 **Der Imperativ Singular vom Infinitiv *sprechen* lautet:**

☐ Sprecht! ☐ Spricht! ☐ Sprech! ☐ Sprich!

AUFGABE 18 **Das Partizip Perfekt vom Infinitiv *biegen* lautet:**

☐ gebiegen ☐ biegend ☐ gebiegt ☐ gebogen

AUFGABE 19 **Das Tempus Präsens bezeichnet ...**

- ☐ ein Geschehen, das in der Zukunft gewesen sein wird.
- ☐ ein Geschehen, das in der Vergangenheit bereits abgeschlossen ist.
- ☐ Aussagen, die allgemein und immer gültig sind.
- ☐ ein abgeschlossenes vergangenes Geschehen.

Auswertung:
Zähle die richtigen Antworten zusammen und bestimme anhand der Übersicht deinen Kenntnisstand.

12 Punkte: Herzlichen Glückwunsch! Du bist wirklich ein Wortarten-Kaiser bzw. eine -Kaiserin! Dir macht man so schnell nichts vor.

11 – 10 Punkte: Der Titel des Wortarten-Königs bzw. der -Königin ist dir gewiss! Du brauchst dich vor dem Kaiser nicht zu schämen!

9 – 8 Punkte: Nicht schlecht, ein Wortarten-Prinz bzw. eine -Prinzessin! Auch wenn du nicht alles gewusst hast, ist dir der Sitz am Wortarten-Hofe sicher.

TESTEN

2 Satzglieder

2.1 Grundlagen

Sätze lassen sich in einzelne **Satzglieder** zerlegen, die du mithilfe der Umstell- oder Verschiebeprobe und der Ersatzprobe herausfinden kannst. Wörter, die immer zusammenbleiben, bilden ein Satzglied.	Meine Mutter / kocht / einen Brei. *Umstellprobe:* Einen Brei / kocht / meine Mutter. *Ersatzprobe:* Sie / kocht / ihn.
Ein vollständiger Satz besteht immer mindestens aus einem Subjekt und einem Prädikat: ■ Das **Subjekt** (der Satzgegenstand) drückt aus, wer oder was etwas tut, ist oder veranlasst. ■ Das **Prädikat** (die Satzaussage) drückt aus, was jemand tut oder was geschieht. Da das Prädikat bei der Umstellprobe immer an gleicher Satzgliedstelle bleibt, hat es eine Sonderstellung.	Der Vater / pfeift. *Wer oder was tut etwas?* **Der Vater** = *Subjekt* *Was tut er?* (er) **pfeift** = *Prädikat*
Der Satz kann durch sogenannte **Objekte** ergänzt werden: ■ Das **Akkusativobjekt** antwortet auf Fragen, die mit *wen oder was?* eingeleitet werden. ■ Das **Dativobjekt** antwortet auf Fragen, die mit *wem?* eingeleitet werden. ■ Das **Genitivobjekt** antwortet auf Fragen, die mit *wessen?* eingeleitet werden. (Es klingt oft etwas veraltet und wird nur noch selten verwendet.) ■ Das **präpositionale Objekt** antwortet auf Fragen, die mit *auf was?, über wen?, zu wem?* usw. eingeleitet werden. Du erkennst es daran, dass das Fragewort immer mit einer Präposition steht.	Der Lehrer lobt **seinen Schüler.** *Wen lobt der Lehrer?* Mein Vater pfeift **ein lustiges Liedchen.** *Was pfeift mein Vater?* Ich schreibe **meinem Freund.** *Wem schreibe ich?* Meine Oma bedarf **ihrer Medikamente.** *Wessen bedarf meine Oma?* Ich verstehe mich gut **mit meiner Schwester.** ***Mit** wem verstehe ich mich gut?*

ÜBUNG 1 **Führe bei jedem Satz die Umstellprobe durch und trenne die Satzglieder durch Striche voneinander.**

1. Heute basteln wir in der Schule für Weihnachten.

2. Die meisten Kinder wollen Strohsterne herstellen.

3. Ich möchte gerne ein Fensterbild mit einem Schneemann machen.

4. Dazu benötige ich eine Folie und Glasmalfarbe.

5. In einer Stunde werde ich mein Kunstwerk fertiggestellt haben.

6. Das Basteln bereitet mir immer große Freude.

ÜBUNG 2 **Suche den wichtigsten Teil des Satzes, das Prädikat, und unterstreiche es. Achtung: Das Prädikat besteht nicht immer aus einer einfachen Verbform, sondern kann auch zweiteilig sein (konjugierte und nicht konjugierte Prädikatsteile)!**

1. Auf dem Weihnachtsbasar haben wir unsere Waren angepriesen.
2. Besonders gern wurden die Strohsterne gekauft.
3. Leider wollte niemand mein Fensterbild haben.
4. Am späten Nachmittag kamen meine Eltern.
5. Aus lauter Mitleid haben sie das Fensterbild erworben.
6. Jetzt hängt es bei mir im Zimmer.
7. Nächstes Jahr werde ich bestimmt nicht basteln.
8. Hoffentlich kann ich besser Plätzchen backen.

ÜBUNG 3 **Ergänze die fehlenden Objekte. Bestimme, ob es sich um Dativ- (DO), Akkusativ- (AO) oder präpositionale Objekte (PO) handelt, und trage die entsprechenden Abkürzungen in die Klammern ein.**

1. Leon bekommt von seinen ______________________ (______)
______________ (______) zum Geburtstag.
2. Dieses Geld verwendet er für seinen ______________________
(______).
3. Er kauft sich eine neue ______________________ (______) und eine neue
______________ (______).
4. Leon bezahlt, der Verkäufer gibt ______________________ (______)
das ______________________ (______) zurück.

ÜBUNG 4 **Bestimme die Subjekte (S), Prädikate (P) und Objekte (AO, DO, PO sowie GO = Genitivobjekt). Unterstreiche die Satzglieder in den entsprechenden Farben. Schreibe die Objekte anschließend in dein Übungsheft und setze die richtige Abkürzung dahinter. Achtung: Es gibt Satzglieder, die du noch nicht bestimmen kannst!**

Eine Schwalbe macht noch keinen Sommer (nach Äsop)

Ein verschwenderischer Jüngling hatte sein väterliches Hab und Gut durchgebracht. Es ging ihm nicht gut und er besaß nur noch einen Mantel. Da sah er eine Schwalbe zu früh zurückkehren, sodass er fest mit dem Beginn des Frühlings rechnete. So entledigte er sich auch noch seines Mantels. Später aber, als der Winter anhielt und ein kalter Wind wehte, fand er die tote Schwalbe und rief: „Du warst es, du hast auch mich ruiniert."

ÜBEN

2.2 Adverbiale Bestimmungen

Neben Subjekt, Prädikat und Objekt gibt es noch weitere Satzglieder: **Adverbiale Bestimmungen** oder Ergänzungen (Umstandsangaben) bezeichnen die genaueren Umstände eines Geschehens oder einer Situation. Diese Satzglieder sind zwar für die Vollständigkeit eines Satzes nicht unbedingt notwendig, man braucht sie aber, um genauer informieren zu können. Sie antworten auf Fragen, die mit ■ *wie?, auf welche Weise?,* ■ *wo?, an welchem Ort?,* ■ *wann?, wie lange?, zu welcher Zeit?,* ■ *warum?, aus welchem Grund?* eingeleitet werden.	Ich esse Pommes frites. *Wie esse ich Pommes frites?* Ich esse **gern** Pommes frites. *Wo esse ich gern Pommes frites?* Ich esse gern Pommes frites **an einer Imbissbude.** *Wann esse ich gern Pommes frites an einer Imbissbude?* **Mittags** esse ich gern Pommes frites an einer Imbissbude. *Warum esse ich mittags gern Pommes frites an einer Imbissbude?* **Wegen der günstigen Lage** am Bahnhof esse ich mittags gern an einer Imbissbude Pommes frites.
Folgende Wortarten können als adverbiale Bestimmungen vorkommen: ■ Adjektive und Partizipien (1) ■ Substantive mit Präposition (2) ■ Adverbien (3)	(1) hungrig – häufig – mürrisch – singend – schmatzend – schleckend – ausgehungert – gestärkt – erholt (2) in einem Schnellrestaurant – im Wald – vor der Gartentür – am Bahnhof (3) heute – tagsüber – mittags – gern – sehr
Die adverbialen Bestimmungen unterscheidet man nach ihrer Bedeutung voneinander: **Adverbiale Bestimmungen der Zeit und Zeitdauer** ■ geben Auskunft über den Zeitpunkt oder die Dauer eines Geschehens bzw. Sachverhalts; ■ können mit den Fragewörtern *wann?, wie oft?, wie lange?, seit wann?, bis wann?* erfragt werden; ■ stehen häufig mit Präpositionen wie *nach, bis, seit, vor, während.*	 **Mittags** esse ich gern an der Imbissbude. **Nach vierzig Minuten** kommt endlich mein Essen. **Bis dahin** habe ich schon die Tageszeitung gelesen. **Seit sieben Monaten** esse ich täglich hier, so etwas ist mir noch nie passiert. **Vor zwei Wochen** hat es aber auch schon mal ein Viertelstündchen gedauert. **Während dieser Zeit** habe ich mir dann ein Tässchen Cappuccino gegönnt.

WISSEN

Adverbiale Bestimmungen des Grundes ■ geben Auskunft über den Grund eines Sachverhalts bzw. Geschehens; ■ können mit den Fragewörtern *warum?, weshalb?* erfragt werden; ■ stehen häufig mit Präpositionen wie *aus, wegen, durch.*	**Wegen der günstigen Lage am Bahnhof** esse ich mittags in einem Schnellrestaurant. **Aus ganz bestimmten Gründen** gehe ich zum Essen nicht nach Hause. **Durch die zeitaufwendige Bahnfahrt** bleibt mir nämlich nicht ausreichend Zeit, um in Ruhe zu essen.
Adverbiale Bestimmungen der Art und Weise ■ geben Auskunft über die Beschaffenheit und Intensität eines Sachverhalts oder Geschehens; ■ können mit den Fragewörtern *wie?, wie viel?, wie sehr?* erfragt werden; ■ stehen häufig als Adverbien oder Adjektive im Satz.	**Gern** esse ich in einem Schnellrestaurant. **Lieber** würde ich natürlich ins Dreisternerestaurant gehen. **Leider** fehlt mir dazu das nötige Kleingeld. **Häufig** betrete ich das Schnellrestaurant **ziemlich ausgehungert.** **Zum Glück** kennt man mich dort schon und serviert mir **normalerweise** meine Mahlzeit **sehr schnell.**
Adverbiale Bestimmungen des Ortes ■ geben Auskunft über den Ort, die Richtung, die Herkunft oder die räumliche Ausdehnung eines Sachverhalts oder Geschehens; ■ können mit den Fragewörtern *wo?, wohin? wie weit?* erfragt werden; ■ stehen häufig mit Präpositionen wie *in, vor, auf, unter, über, von, zu, zwischen, bis.*	**In einem Schnellrestaurant** esse ich gern. **Vor dem Bahnhof** befindet sich auch noch eine Dönerbude. **Auf einer großen Tafel** sind dort Hunderte von Speisen angeschlagen. **Unter diesen** findet man auch so Exotisches wie frittierte Ananas in Knoblauchsoße.
Achtung: Der äußeren Form nach können die adverbiale Bestimmung und das präpositionale Objekt genau gleich sein, wenn die Ausdrücke aus einer Präposition mit Substantiv bestehen. Achte daher genau darauf, wie du das Satzglied erfragst!	**Über Geschmack** lässt sich eben nicht streiten. *präpositionales Objekt: Über wen oder was lässt sich nicht streiten?* **Über der Tür** hängt ein Schild. *adverbiale Bestimmung des Ortes: Wo hängt ein Schild?* Im Schnellrestaurant darf man **mit den Fingern** *(adverbiale Bestimmung der Art und Weise: wie / womit?)* essen und laut **mit seinen Freunden** *(präpositionales Objekt: mit wem?)* sprechen.

WISSEN

ÜBUNG 5 **Ordne die im Text rot hervorgehobenen adverbialen Bestimmungen in die Tabelle darunter ein.**

Till Eulenspiegel (nach Hermann Bote)
Einstmals wanderte Till Eulenspiegel nach Bayreuth, wo er zur Mittagszeit hungrig in eine Gaststätte einkehrte. Wegen seiner Geldnot spielte Till Eulenspiegel dem dummen Wirt einen Streich.
Zunächst bestellte er freundlich ein Glas Wein. Gleich darauf rief er ihn zurück und sprach aus purer Schalkheit: „Herr Wirt, holt mir dafür ein Paar Würstchen." Der Wirt brachte schnell das Gewünschte. Till Eulenspiegel aß die Würstchen genüsslich auf und wollte nach dem Mahl das Lokal verlassen. Der Wirt hielt ihn aber an der Tür zurück und rief ärgerlich: „Zuerst zahlt Ihr mir die Würstchen!" „Eure Würstchen zahle ich nicht", antwortete Till rasch, „denn ich habe Euch gut mit dem Glas Wein entlohnt." „Das habt Ihr auch nicht bezahlt!", rief der Wirt voller Zorn. „Das habe ich ja auch nicht getrunken", antwortete Till gewitzt und ging guten Mutes davon.
Der dumme Wirt schaute verdutzt dem frechen Gast hinterher und hatte an diesem Tag das Nachsehen.

Zeit (*wann?*)	Ort (*wo?*)	Grund (*warum?*)	Art und Weise (*wie?*)

ÜBEN

ÜBUNG 6 **Baue die adverbialen Bestimmungen in den jeweiligen Satz ein. Achtung: Manchmal musst du ein Satzglied umstellen! Schreibe in dein Übungsheft.**

1. früher – voller Angst:
   Manche Menschen dachten an die Streiche des Till Eulenspiegel.
2. gern – an langen Winterabenden – am Kamin:
   Viele aber erzählten die Geschichten ihren Kindern.
3. auch heute noch – in der Schule – in Deutschland – häufig:
   Seine Streiche werden gelesen.
4. wegen seines Witzes:
   Die Kinder mögen Till Eulenspiegel.

ÜBUNG 7 **Um welche adverbialen Bestimmungen handelt es sich in Übung 6? Erfrage sie jeweils mit dem passenden Fragewort.**

früher: adverbiale Bestimmung der Zeit (wann?)

voller Angst: __________

gern: __________

an langen Winterabenden: __________

am Kamin: __________

auch heute noch: __________

in der Schule: __________

in Deutschland: __________

häufig: __________

wegen seines Witzes: __________

ÜBUNG 8 **Schreibe einen Zeitungsbericht zu den Ereignissen in der Gaststätte (vgl. Übung 5). Verwende möglichst viele adverbiale Bestimmungen, um das Geschehen genau darzustellen. Benutze dazu dein Übungsheft.**

Gestern ereignete sich ein unglaublicher Vorfall in der Gaststube „Zum blauen Pferd" …

ÜBEN

ÜBUNG 9 **Bilde fünf Sätze aus den angegebenen Satzgliedern. Benutze dein Übungsheft.**

Subjekt

Ich – die Geschichten von Till Eulenspiegel – der Autor – Till Eulenspiegel – der Leser

Objekt

von Hermann Bote – Geschichten von Till Eulenspiegel – über Tills Späße – die Dummheit der Menschen – seine Leser

Prädikat

belehren – lachen – geschrieben werden – aufdecken – lesen –

Adverbiale Bestimmung

oftmals – gern – auf lustige Art und Weise – im 15. Jahrhundert – wegen des unerwarteten Endes

ÜBUNG 10 **Adverbiale Bestimmungen können aus unterschiedlichen Wortarten gebildet sein. Suche aus dem folgenden Text die adverbialen Bestimmungen heraus und trage sie in die Tabelle ein.**

Till Eulenspiegel begeistert noch heute seine Leser in aller Welt, weil er sofort die Menschen durchschaut. Er achtet glücklicherweise nicht auf Stand oder Aussehen der Menschen, sondern beurteilt direkt und ohne Scham ihre Eigenschaften. In vielen Geschichten kann man seine eigenen Schwächen wiedererkennen und muss laut lachen, wenn Till Eulenspiegel einem erfolgreich den Spiegel vorgehalten hat. Manche schimpfen unverständlicherweise darüber, dass Till Eulenspiegel die Menschen humorvoll auf ihre kleinen Macken hinweist. Diesen Leuten sollte man heutzutage den Spiegel vorhalten.

Adjektiv	Adverb	Substantiv mit Präposition

2.3 Attribute

Ein **Attribut** erläutert die besonderen Merkmale einer Person oder Sache.
Es gibt Antwort auf Fragen, die mit *welcher?, welche?, welches?, was für ein(e)?* eingeleitet werden.

Es ist kein selbstständiges Satzglied, sondern lediglich ein **Satzgliedteil**. Deshalb bleibt es bei der Umstellprobe immer mit seinem Bezugswort verbunden.

Dieses Schuljahr war besonders anstrengend.
Welches Schuljahr? **dieses**

Mein Zeugnis ist aber zum Glück recht gut ausgefallen.
Welches Zeugnis? **mein**

Heute Abend feiern wir eine **tolle** Party.
Was für eine Party? eine **tolle**

Das Attribut kann vor oder hinter seinem Bezugswort stehen.

Das werden **tolle** Ferien.
Heute gibt es Ferien **für alle.**

Es können auch mehrere Attribute auf ein Bezugswort, das meistens ein Substantiv ist, bezogen sein.

Ich wünsche **tolle** Ferien **für alle.**

Es gibt verschiedene Formen des Attributs. Häufig kommen vor:

- **Adjektivattribute**: Die Ferienzeit ist die **schönste** Zeit des Jahres.
- **Genitivattribute**: Die Ferienzeit ist die schönste Zeit **des Jahres.**
- **präpositionale Attribute**: Die Ferien **im Sommer** sind die schönsten.
- **Pronomen**: **Unsere** Ferien sind vorbei.
- **Zahlwörter**: **Zwei** Sommer lang haben wir die Ferien in Schweden verbracht.

Eine besondere Form des Attributs ist die **Apposition** (Zusatz). Sie besteht in ihrem Kern immer aus einem Substantiv und steht im gleichen Kasus (Fall) wie das Bezugswort.

Die Apposition wird in Kommas gesetzt.

Die Ferien**, die schönsten Wochen des Jahres,** sind leider schon wieder vorbei.

Dieses Jahr haben wir Stockholm**, die schwedische Hauptstadt,** besucht und Drottningholm**, ein Schloss der königlichen Familie,** besichtigt.

WISSEN

ÜBUNG 11 Suche die Attribute aus den Werbesprüchen heraus und unterstreiche sie.

Jetzt neu: zehn Geschmacksrichtungen!

Brillante Farben ohne Nachtönen!

Unser Bestes nur für Sie!

Die Neuheit des Jahres!

LÄNGERER GENUSS BEI GLEICHEM PREIS!

ÜBUNG 12 Trage die Attribute aus Übung 11 in die Tabelle ein.

Adjektiv-attribut	Genitiv-attribut	präpositionales Attribut	Pronomen	Zahlwort

ÜBUNG 13 Bilde eigene Werbesprüche, indem du Bezugswörter und Attribute sinnvoll zusammensetzt. Schreibe in dein Übungsheft. Achtung: Um alle Attribute verwenden zu können, musst du auf manche Wörter mehrere Attribute beziehen!

Attribute

dies(e) – für höchste Ansprüche – toll – erstklassig – in drei neuen Sorten – der Spitzenklasse – der Stoffe – traumhaft – faszinierend – zur Auswahl – Hunderte

Bezugswörter

Fahrvergnügen
Kaffeespezialität
Verarbeitung
Qualität
Urlaubsziel

ÜBUNG 14 Ordne die Attribute aus Übung 13 in eine Tabelle ein, die du nach dem Muster aus Übung 12 in dein Übungsheft überträgst.

WISSEN

Die **Unterscheidung** zwischen einem Attribut und einer adverbialen Bestimmung ist nicht immer ganz leicht, weil beide die gleiche Form haben können.

- Nach **Attributen** fragst du mit *welche(r)?, was für ein(e)?*
  Die Waren **auf dem Wochenmarkt** sind frisch.
  Welche Waren? Die **auf dem Wochenmarkt.** → *Attribut*
- Nach **adverbialen Bestimmungen** fragst du mit *wo?, wann?, wie?, warum?* usw.
  Pia kauft **auf dem Wochenmarkt** ein.
  Wo kauft Pia ein? **Auf dem Wochenmarkt.** → *adverbiale Bestimmung*

ÜBUNG 15 **Entscheide, ob die rot gedruckten Wendungen ein Attribut oder eine adverbiale Bestimmung sind.**

1. Am Anfang des Markttages liefern die geschäftstüchtigen Händler ihre Waren auf dem riesigen Platz (______________________________) an.
2. Viele Bauern aus den umliegenden Dörfern (______________________________) bieten ihre eigene Ware an.
3. Die meisten kaufen aber im nahe gelegenen Großmarkt (______________________________) noch Obst und Gemüse zu, um den Kunden ein breites Angebot machen zu können.
4. Die Waren auf dem Großmarkt (______________________________) kommen zum Teil aus weit entfernten Ländern (______________________________).
5. Auf dem Großmarkt (______________________________) werden Waren aus weit entfernten Ländern (______________________________) angeboten.

ÜBUNG 16 **Baue die Sätze aus, indem du einzelne Satzglieder durch Attribute zum Substantiv erweiterst. Denke dir selbst passende Attribute aus.**

1. Auf dem ______________ Wochenmarkt ______________ ______________ werden immer ______________ Mengen ______________ angeboten.
2. Unter ______________ Sonnenschirmen liegen ______________ ______________ Früchte ______________.
3. ______________ Kinder spielen zwischen den ______________ Ständen.

ÜBEN

4. Während des ________________ Treibens unterhalten sich ________________ Menschen über das Wetter ________________.
5. Der Markt ________________ ist überall bekannt.
6. Mit einem Einkauf ________________ kann man viel Geld sparen, wenn man mit den ________________ Händlern um die ________________ Ware feilscht.

ÜBUNG 17 **Ergänze die Substantive mit einer passenden Apposition aus dem Wortspeicher. Schreibe in dein Übungsheft und achte auf die Kommasetzung.**

> ein Treffpunkt für Jung und Alt – ein älterer Herr mit Glatze – ein besonders im Winter wichtiges Vitamin

1. Der Obsthändler schenkt uns immer eine Banane.
2. Obst und Gemüse sind reich an Vitamin C.
3. Unser Wochenmarkt ist über die Stadtgrenze hinaus bekannt.

ÜBUNG 18 **Kreise im Text die Substantive ein, zu denen genauere Angaben gemacht werden (Bezugswörter). Unterstreiche danach die Attribute.**

Ein sehr berühmtes Beispiel für Heldensagen der deutschen Literatur ist das „Nibelungenlied". Die schreckliche Geschichte um Liebe, Hass und Rache spielt im fünften Jahrhundert, wurde aber erst um 1200 von einem unbekannten Verfasser aufgeschrieben. Sie erzählt von Siegfrieds Tod durch seinen ehemaligen Freund Hagen und von Kriemhilds Rache. Die wohl bekannteste Episode des Nibelungenliedes ist die Geschichte von Siegfrieds Kampf mit einem Drachen. In diesem ungleichen Kampf besiegte Siegfried wider Erwarten einen mächtigen Drachen. Als das Blut des Drachen in einem dicken Strahl herausschoss, bemerkte Siegfried zufällig, dass er durch den Kontakt mit dem Drachenblut unverwundbar wurde. Also badete er im Blut des Untiers, sodass seine Haut hörnern wurde bis auf eine kleine Stelle am Rücken zwischen den Schultern. Dorthin war ein Lindenblatt gefallen. An dieser Stelle wird sein Freund Hagen ihn später tödlich verletzen.

ÜBEN

KLASSENARBEIT 1

45 Minuten

AUFGABE 1 **Bestimme die Satzglieder im folgenden Text: Hebe die Subjekte, Prädikate, Objekte und adverbialen Bestimmungen mit unterschiedlichen Farben hervor und unterstreiche die Attribute.**

1. Am Anfang des Markttages liefern die geschäftstüchtigen Händler ihre Waren auf dem riesigen Platz an.
2. Natürlich hoffen alle auf ein gutes Geschäft.
3. Verführerische Gerüche steigen den Besuchern des Marktes in die Nase.
4. Gerne probieren interessierte Kunden exotische Speisen aus der Türkei.
5. Besonders farbenprächtig sind die Stände der Blumenhändler.
6. Die ganz besondere Farbenpracht der Blüten erfreut die Besucher.

AUFGABE 2 **Ordne die rot hervorgehobenen Attribute und adverbialen Bestimmungen in die Tabellen ein.**

Am vorigen Donnerstag fand in der ausverkauften Arena ein sehenswertes Heimspiel der Eishockeymannschaft statt. Wegen des schlecht präparierten Eises spielten die Gegner zunächst sehr schlecht. Zwei Spieler der gegnerischen Mannschaft wurden nach Foulspiel auf die Bank verwiesen. Nach der Halbzeit wurde den knapp achttausend Zuschauern aus Duisburg dann ein besseres Spiel geboten. Unsere Mannschaft ging verdient in Führung.

Attribute				
Adjektiv	Genitiv	präpositional	Pronomen	Zahlwort

Adverbiale Bestimmungen			
Zeit	Ort	Grund	Art und Weise

AUFGABE 3 **Bilde zu jedem Adjektiv jeweils zwei Sätze, indem du das Adjektiv zuerst als Attribut und dann als adverbiale Bestimmung verwendest.**

entsetzt ______________________________

____

leise ______________________________

____

hart ______________________________

____

zornig ______________________________

____

TESTEN

AUFGABE 4 **Bestimme die rot hervorgehobenen Wörter und Wortgruppen: Handelt es sich um eine adverbiale Bestimmung (adv. Best.) oder ein Attribut (Att.)?**

Durch die große (__________) Stadt schiebt sich hupend und stinkend (__________) eine riesige (__________) Blechlawine. Zwischen den modernen (__________) Hochhäusern und der kleinen (__________) Kirche hängen täglich (__________) bläuliche (__________) Abgasschwaden in der dicken (__________) Luft. In den unteren (__________) Etagen der Hochhäuser bieten vornehme (__________) Geschäfte die teuersten (__________) Produkte an. Langsam (__________) schlendert Paolo an den Läden vorbei und er weiß genau (__________), dass er die ausgestellten (__________) Waren niemals (__________) wird kaufen können. Als Straßenkind muss er sich seinen kümmerlichen (__________) Lebensunterhalt mit Autoscheibenputzen verdienen. Das tägliche (__________) Leben auf der Straße hat ihn hart (__________) gemacht.

KLASSENARBEIT 2

60 Minuten

AUFGABE 5 **Trenne die Satzglieder durch Striche voneinander und unterstreiche das Prädikat.**

Die Titanic

1. Bis in die Mitte des 19. Jahrhunderts reisten die Menschen relativ langsam, da man mit Segelbooten die Ozeane befuhr.
2. Die Konstrukteure der Titanic bauten ein besonders luxuriöses Dampfschiff, das als unsinkbar galt.
3. Am 31. Mai 1911 wurde die Titanic ohne viel Aufhebens vom Stapel gelassen.
4. Die Jungfernfahrt eines so großen Schiffes ist immer etwas Besonderes und so herrschte auch in Southampton (England) ein geschäftiges Treiben, als die Titanic am 10. April 1912 den Hafen verließ.

AUFGABE 6 **Stelle für die rot hervorgehobenen Satzglieder aus Aufgabe 5 jeweils die Kasusfrage und bestimme dann das Satzglied. Schreibe in dein Übungsheft und gehe wie im Beispiel vor. Unterscheide dabei die Objekte (GO, DO, AO, PO).**

1. Wer reiste bis in die Mitte des 19. Jahrhunderts relativ langsam? die Menschen = Subjekt

AUFGABE 7 **Ergänze die fehlenden Objekte. Bestimme, ob es sich um ein Dativ- (DO), ein Akkusativ- (AO) oder ein präpositionales Objekt (PO) handelt, und trage die entsprechenden Abkürzungen in die Klammern ein.**

> den Abend – von den eigenen Dienern – Badezimmer – dem Kapitän – mit den anderen Gästen

Die Luxus-Kabinen auf der Titanic besaßen ______ (____) aus Marmor. Man konnte sich sogar ______ (____) das Frühstück ans Bett bringen lassen. ______ (____) begegneten die reichen Leute dann beim Mittagessen. ______ (____) verbrachte man ______ (____) gemeinsam im Casino oder in der Bar.

TESTEN

AUFGABE 8 **Schreibe mithilfe der Stichworte in vollständigen Sätzen auf, was ein Überlebender des Untergangs der Titanic berichtet. Trenne anschließend die einzelnen Satzglieder durch Striche voneinander ab und unterstreiche die adverbialen Bestimmungen. Schreibe in dein Übungsheft.**

	Satz 1	Satz 2	Satz 3	Satz 4	Satz 5
wer / was?	der Kapitän	eine ältere Frau	ein Vater	das sinkende Schiff	die Geretteten
Tätigkeit	rufen	geben	nicht finden können	entschwinden	suchen
wem	dem Ersten Offizier	ihrem Ehemann	–	meinen Augen	–
wen / was?	den Befehl	einen Abschiedskuss	seine Familie	–	Überlebende
wo?	auf der Brücke	an den Rettungsbooten	auf dem sinkenden Schiff	zwischen den Rettungsbooten	im eiskalten Wasser
wann	nachts	kurz vor dem Untergang	um 2.18 Uhr	später	bis zum Morgen
wie?	hektisch	unter Tränen	leider	mit einem ohrenbetäubenden Lärm	fieberhaft
warum?	wegen der schlechten Sicht	aus Angst um ihn	wegen des großen Tumults	wegen des einströmenden Wassers	–

AUFGABE 9 **Erweitere die Sätze durch Attribute und schreibe sie in dein Übungsheft. Verwende die sechs dir bekannten Formen des Attributs.**

1. Überlebende errichteten ein Denkmal.
2. Trauer konnten sie so Ausdruck verleihen.
3. Das Denkmal steht in Southampton.
4. Opfer stammten aus England.
5. Die Ingenieure lernten aus der Katastrophe.

TESTEN

KLASSENARBEIT 3

45 Minuten

AUFGABE 10 **Stelle die folgenden Sätze so um, dass das Subjekt jeweils am Satzanfang steht. Ersetze anschließend die Subjekte durch Pronomen. Schreibe in dein Übungsheft.**

Pompeji

1. Von den Bewohnern einer süditalienischen Stadt wurde der Vesuv für einen erloschenen rätselhaften Vulkan gehalten.
2. Am 24. August 79 n. Chr. brach der Vesuv mittags mit einem ohrenbetäubenden Knall aus.
3. Menschen, Tiere und Gebäude begrub der Vesuv mit Asche und Bimsstein.
4. Über die Jahrhunderte hat der Vesuv seine Form verändert.
5. Seit dem großen Ausbruch im Jahre 79 n. Chr. ist der Vesuv noch viele Male ausgebrochen.

AUFGABE 11 **Ergänze die Tabelle mit den passenden Fragen sowie weiteren Beispielen für adverbiale Bestimmungen.**

Frage	Antwort	Weiteres Beispiel
wann?	im Jahre 79 n. Chr.	
	in Italien	
	wegen der großen Hitze	
	erschrocken	
	voller Angst	
	um die Mittagszeit	
	später	
	unter dem Triumphbogen	
	im Laufe der Jahrhunderte	

AUFGABE 12 **Bilde vier Sätze rund um das Thema Pompeji, in denen du adverbiale Bestimmungen aus der Tabelle von Aufgabe 11 verwendest.**

AUFGABE 13 **Unterstreiche die adverbiale Bestimmung einfach und das präpositionale Objekt doppelt.**

1. Über das Grauen von Pompeji machen sich die Menschen in unserer Zeit keine Gedanken mehr.
2. In ihrer größten Not glaubten die Menschen, im Tempel vor der Aschewolke geschützt zu sein.

AUFGABE 14 **Bestimme die rot hervorgehobenen Wörter durch Ankreuzen.**

	Attribut	adverbiale Bestimmung
1. Viele der überraschten Menschen konnten sich nicht mehr in Sicherheit bringen.	☐	☐
2. Die Kinder blickten ihre Eltern entsetzt an.	☐	☐
3. Nach dem Ausbruch des Vulkans dauerte es nicht lange, bis die ersten Räuber herbeigeeilt kamen.	☐	☐
4. Nach kurzer Suche hatten sie reiche Beute gemacht.	☐	☐
5. An Geld und Schmuck waren sie besonders interessiert.	☐	☐

AUFGABE 15 **Bilde Sätze, indem du die Fragen beantwortest. Beachte dabei die Informationen aus den vorangegangenen Aufgaben. Trenne anschließend die Satzglieder deiner Sätze durch Striche. Unterstreiche dann die adverbialen Bestimmungen, wenn sie im Satz vorkommen.**

1. Wer brachte sich wo in Sicherheit?

___

___

2. Wer blickte wem wie in die Augen?

___

___

3. Wie kam wer wann nach Pompeji?

___

___

4. Wann machte wer wo reiche Beute?

___

___

TESTEN

3 Rechtschreibung

3.1 Groß- und Kleinschreibung

Das erste Wort eines Satzes, einer Überschrift, eines Buch- oder Filmtitels sowie Namen, Substantive und das höfliche Anredepronomen schreibt man **groß**.	**H**eute ist ein schöner **T**ag. **D**er **Z**auberlehrling „**M**öchten **S**ie auch mitspielen?“, fragt **T**om seinen **N**achbarn. „**I**ch erkläre es **I**hnen.“
Substantivierungen (Nominalisierungen)	
Verben, die als Substantiv gebraucht werden, schreibt man groß. Oft steht vor dem substantivierten Verb ein Artikel oder eine mit dem Artikel verschmolzene Präposition.	Ich treffe mich oft mit einigen Freunden **zum J**oggen im Wald. **Das** gemeinsame **L**aufen macht viel Spaß. **Vom L**aufen bekomme ich immer großen Hunger.
Adjektive und **Partizipien,** die als Substantiv gebraucht werden, schreibt man ebenfalls groß. Oft steht vor dem substantivierten Adjektiv oder Partizip ein Artikel oder ein unbestimmtes Zahlwort.	Zur Verbesserung unserer Fitness haben wir **F**olgendes geplant. Zur Steigerung der Kondition gibt es **nichts B**esseres als einen regelmäßigen Waldlauf.
Achtung: Superlative mit *am* schreibt man klein!	Zur Aufstellung eines Trainingsplans wendet man sich **am b**esten an eine erfahrene Sportlehrerin.
In festen Wendungen aus *aufs* bzw. *auf das* + Superlativ kannst du das Adjektiv groß- oder kleinschreiben.	Wenn du die Ratschläge befolgst, ist alles **aufs B**este / **aufs b**este bestellt.
Großgeschrieben werden auch als Substantiv gebrauchte ■ Zahlwörter (1), ■ Pronomen (2), ■ Adverbien (3), ■ Präpositionen (4) und ■ Konjunktionen (5).	(1) In Deutsch habe ich **eine Z**wei! (2) Mein Trainer hat mir **das D**u angeboten. (3) Er rannte, als ob es **kein M**orgen gäbe. (4) Auf **das F**ür und **W**ider habe ich überhaupt nicht geachtet. (5) In diesem Fall gab es für mich **kein A**ber!
Die Bezeichnungen von Tageszeiten nach Adverbien wie *gestern, heute, morgen* werden als Substantive angesehen und daher großgeschrieben.	Gestern **A**bend bin ich nur wenige Runden gelaufen, heute **M**orgen werde ich ausgiebig trainieren, damit ich morgen **N**achmittag zum Wettkampf fit bin.

ÜBUNG 1 **Setze die richtigen Anfangsbuchstaben für die Pronomen ein. Denke daran, dass das höfliche Anredepronomen großgeschrieben wird.**

Sehr geehrte Damen und Herren,
___ir, die Klasse 6c, überlegen, ob ___ir die nächste Klassenfahrt nach Trier machen. Als Klassensprecherin habe ich die Aufgabe übernommen, zu ___hnen Kontakt aufzunehmen und mich über ___hre Stadt zu informieren. Ich habe im Internet schon gesehen, dass ___ie in den Monaten Juni und Juli zahlreiche Aktivitäten für Jugendliche anbieten. Wir hätten aber auch gerne eine Stadtführung von einem Profi. Können ___ie uns jemanden empfehlen? Außerdem suchen wir noch ein geeignetes Quartier in der Stadt Trier oder ___hrer Umgebung. Sicherlich haben ___ie eine Liste, die ___ie uns schicken können. Allerdings sollte ___ie nur Unterkünfte beinhalten, die nicht weiter als 10 Kilometer vom Stadtzentrum entfernt liegen.
Vielen Dank für ___hre Mühe, Anna Blum

ÜBEN

ÜBUNG 2 **Setze die passenden Adjektive und Verben in ihrer substantivierten Form in die Lücken.**

wenden – einzig – ungewöhnlich – bremsen – glücklich – skaten – schön – üben

Seit Charlotte ihre neuen Inliner hat, zählt sie zu den ______________ dieser Welt. Etwas ______________, als über den Rollhockeyplatz zu fahren, kann sie sich nicht vorstellen, denn beim ______________ vergisst sie allen Ärger und kann sich richtig austoben. Zwar fällt ihr das ______________ noch etwas schwer, aber im ______________ ist sie sicher. Darum ist sie auch als ______________ ihrer Klasse in die Rollhockeymannschaft der Schule aufgenommen worden. Jetzt ist es nichts ______________, dass Charlotte gleich nach dem Essen ihre Hausaufgaben erledigt, denn dann kann sie schnell zum ______________ auf das Rollhockeyfeld, noch bevor das Training beginnt.

WISSEN

Wörter anderer Wortarten, die aus Substantiven entstanden sind, schreibt man **klein,** so z. B.

- Adverbien (1),
- mit *sein* oder *werden* verbundene Adjektive (2),
- unbestimmte Pronomen und Zahlwörter (3).

(1) abends, morgens, sonntags, anfangs, teils, flugs, stets
(2) Mir ist angst. Mir wird angst.
Mir ist bange. Mir wird bange.
Du bist schuld daran.
(3) ein bisschen, ein paar *(= einige)*
aber:
ein Paar *(= zwei Zusammengehörende)*

ÜBUNG 3 **Jule hat seit Neuestem eine französische Brieffreundin. Als Erstes berichtet sie von ihrem Tagesablauf. Setze die Anfangsbuchstaben richtig ein.**

Ich werde ___orgens um 6.30 Uhr wach. Mein Bruder ist ___chuld daran, dass ich nicht länger schlafen kann, weil er sich jeden ___orgen mit lauter Musik, die dann im ganzen Haus zu hören ist, wecken lässt. Ein ___aar Minuten später stehe ich dann auf, um ein ___isschen Zeit im Bad zu haben. Jeden ___ontag fährt meine Mutter mich zur Schule, weil sie auf ihrem Arbeitsweg liegt. ___ienstags und ___ittwochs fahre ich mit der Straßenbahn. An den anderen Tagen kann ich mit meinem Vater fahren. Zurück fahre ich ___ittags mit dem Bus. Heute ___ittag hat mich jedoch mein Vater abgeholt, weil er eher freihatte. Nachdem ich die Hausaufgaben gemacht habe, schnappe ich mir das richtige ___aar Schuhe und gehe zum Rudern. Manchmal kommt es vor, dass ich ___achmittags keine Lust auf Hausaufgaben habe, dann mache ich sie erst ___bends.

ÜBUNG 4 ***Schuld* oder *schuld? Dank* oder *dank? Kraft* oder *kraft?* Streiche jeweils das falsch geschriebene Wort.**

1. Die Verspätung des Zuges ist Schuld / schuld daran, dass ich den Anschluss verpasst habe. Der Zug war wegen des schlechten Wetters verspätet, den Lokführer traf keine Schuld / schuld.
2. Es gelang mir Dank / dank intensiven Trainings ein neuer Rekord. Für seine Unterstützung sage ich meinem Trainer herzlichen Dank / dank.
3. Der Schulleiter hat Kraft / kraft seines Amtes das Recht, Schülerinnen und Schüler vom Unterricht zu beurlauben. Mit großer Kraft / kraft setzt sich der Schulleiter dafür ein, dass es nicht so viel Unterrichtsausfall gibt.

ÜBUNG 5 **Markiere in den Sätzen alle Buchstaben rot, die man großschreiben muss.**

1. GESTERN HABE ICH IM DIKTAT EINE VIER ZURÜCKBEKOMMEN.
2. MEINE TANTE HÄLT DAS DU FÜR DIE PASSENDE ANREDE UNTER KOLLEGINNEN UND KOLLEGEN.
3. DIESE FRAGE BEANTWORTE ICH MIT EINEM ENTSCHIEDENEN VIELLEICHT!
4. IHR LEBEN WAR GEPRÄGT VON VIELEN AUFS UND ABS.
5. BEI DER LETZTEN HOCHZEITSFEIER HABEN WIR ZWEIHUNDERT LUFT-BALLONS STEIGEN LASSEN.
6. FÜR DAS SPIEL DES FC GIBT ES NOCH ZWEI DUTZEND KARTEN.
7. DAS OB UND WIE DER KLASSENFAHRT IST NOCH NICHT GEKLÄRT.

WISSEN +

Von geografischen Namen abgeleitete Wörter, die auf *-er* enden, schreibt man immer **groß.**	das **U**lmer Münster der **S**chwarzwälder Schinken
Von geografischen Namen abgeleitete Adjektive, die auf *-isch* enden, schreibt man **klein,** wenn sie nicht Teil eines Namens oder Fachbegriffs sind.	**c**hinesische Seide **b**ayerische Gemütlichkeit *aber:* der **B**ayerische Wald

ÜBEN

ÜBUNG 6 **Setze aus den Silben im Wortspeicher geografische Bezeichnungen zusammen und verbinde sie mit den abgebildeten Dingen. Achte auf die Groß- und Kleinschreibung!**

BER - KÖL - LI - NER - NER - NER - WIE

1. Im ______________________

   beratschlagen die Politiker über neue Gesetze.
2. Eines der berühmtesten Baudenkmäler in Deutschland ist der ______________________.
3. Ein echtes ______________________

   stammt vom Kalb.

3.2 Getrennt- und Zusammenschreibung

Verbindungen von **Verb + Verb** schreibt man in der Regel getrennt.	zeichnen können – baden gehen
Achtung: Verbindungen von Verb + *bleiben* oder *lassen* kann man sowohl getrennt als auch zusammenschreiben, wenn die Verbindung eine eigene (übertragene) Bedeutung hat.	in der Schule sitzen bleiben *oder* sitzenbleiben *aber nur:* auf dem Stuhl sitzen bleiben
Auch das Verb *kennenlernen* darf man zusammen- und getrennt schreiben.	kennenlernen *oder* kennen lernen
Außerdem trennt man Verbindungen mit Verben, wenn einer der Bestandteile das Verb ***sein*** ist.	da sein – sein lassen – beisammen sein
Verbindungen von **Substantiv + Verb** schreibt man **getrennt**, wenn das Substantiv **eigenständig** ist.	Rad fahren – Ski laufen – Karotten schälen – Plätzchen backen
Man schreibt aber u. a. dann zusammen, ■ wenn in einer Verbindung aus **Substantiv + Verb** das Substantiv **verblasst** ist, ■ wenn die Wortverbindung als Ganzes **substantiviert** wird.	teilnehmen – heimgehen – fehlleiten – wettmachen – kopfstehen Das **Radfahren** hat großen Spaß gemacht, das **Schlittschuhlaufen** auch.
Verbindungen aus **Adjektiv + Verb** werden **zusammengeschrieben**, wenn sie einen **festen Begriff** mit neuer Gesamtbedeutung bilden. Ist dies nicht der Fall, schreibt man getrennt.	krankschreiben – kürzertreten – heiligsprechen *aber:* laut sprechen – leise pfeifen
Achtung: Manche Fälle lassen sich leicht verwechseln. Achte auf den Kontext und die Betonung!	frei sprechen *(ohne Vorlage)* *aber:* freisprechen *(Richtspruch)*
Verbindungen von **Adjektiv + Verb** werden meistens zusammengeschrieben (die Betonung liegt dann vorne). Werden beide Teile betont, wird getrennt geschrieben.	abwärtsrollen – aufeinanderprallen – wiederkommen (zurückkommen) rückwärts einparken – übereinander stolpern
Untrennbare Zusammensetzungen, die feste Begriffe bilden, werden in allen Formen zusammengeschrieben.	langweilen – schlafwandeln – überqueren Ich **überquere** die Straße. Gestern habe ich die Straße **überquert.**

ÜBUNG 7 **Setze die folgenden Sätze ins Präsens. Schreibe in dein Übungsheft.**

1. Wegen starken Seegangs ist das Schiff untergegangen.
2. Leonie ist zu spät aufgestanden.
3. Die Wahlforscher haben das Ergebnis vorausgesagt.
4. Lina hat ihrer besten Freundin bei der Prüfung beigestanden.

ÜBUNG 8 **Und jetzt umgekehrt: Setze die folgenden Sätze ins Perfekt. Schreibe in dein Übungsheft.**

1. Wir kommen sehr spät in der Eishalle an.
2. Im ersten Spielabschnitt legen die Pinguine vor.
3. Aber im zweiten Drittel ziehen die Grizzlys gleich.
4. Am Ende springt dennoch ein deutlicher Sieg für die Pinguine heraus.

ÜBUNG 9 **Zusammen oder getrennt? Kreuze an, ohne zuvor auf der Wissensseite nachzusehen. Manchmal kann man auch beide Kästchen ankreuzen.**

	zusammen	getrennt
1. Substantiv + Verb, wenn das Substantiv als Substantiv gebraucht wird	☐	☐
2. Verb + Verb, in der Regel	☐	☐
3. Substantiv + Verb, wenn das Substantiv verblasst ist	☐	☐
4. Die Verbindung *kennenlernen / kennen lernen*	☐	☐
5. Adverb + Verb, Betonung auf dem Adverb	☐	☐
6. Adverb + Verb, Betonung auf beiden Teilen	☐	☐
7. Substantiv + Verb, wenn die Wortverbindung substantiviert ist	☐	☐
8. Verbindung von Verb + *sein*	☐	☐

ÜBUNG 10 **Schreibe den folgenden Text richtig in dein Übungsheft.**

IchhabeletzteWocheeinenganzinteressantenMenschenkennengelernt. Ererzählte mir, seinVaterseitaubstummgewesen, sodasssienurmithilfederGebärdensprachez ueinandersprechenkonnten. SchonmitdreiJahrenhabeerdieallerwichtigstenGebär deneinsetzenkönnen. NacheinigerÜbunghättenseinVaterundersichsehrgutverstä ndigenkönnen. AuchseinebeidenGeschwisterhättenaufdieseArtsprechenlernenm üssen. IhmselbsthättendieÜbungensovielFreudegemacht, dasserauchversuchtha be, rückwärtszusprechen. Aberdabeiseinichtvielherausgekommen.

ÜBUNG 11 **Verbinde die Wörter zu sinnvollen Verbverbindungen und setze sie richtig in die folgenden Sätze ein.**

angestrengt – verloren – vergeblich – gereizt – verrückt	gehen – spielen – reagieren – bemühen – nachdenken

1. Ich kann meine Armbanduhr nicht finden, sie ist offensichtlich irgendwo ______________________.
2. Das ist nicht ganz so tragisch, in den letzten Wochen hat sie ohnehin ein wenig ______________________.
3. Immer wenn ich meiner Mutter die falsche Uhrzeit gesagt habe, hat sie ziemlich ______________________.
4. Wenn ich ______________________, finde ich die Uhr ja vielleicht doch wieder.
5. Ich hoffe nur, dass ich mich nicht ______________________.

ÜBUNG 12 **Setze die gesuchten Substantiv-Verb-Verbindungen ein.**

1. Heute gehen wir mit der ganzen Klasse ______________________.
2. Amelie möchte heute Nachmittag ______________________.
3. Meine Schwester kann gut ______________________.
4. Lisas Mutter will noch schnell beim Bäcker ______________________.

1 

2 

3 

4 

WISSEN

Werden Wortverbindungen im Ganzen substantiviert, schreibt man **zusammen**.	Ich bin mit meinen Freunden Rad gefahren. Das **Radfahren** hat großen Spaß gemacht.

ÜBUNG 13 **Schreibe Sätze auf, in denen du die Wortverbindungen aus Übung 12 in substantivierter Form gebrauchst. Benutze dazu dein Übungsheft.**

ÜBUNG 14 **Einmal getrennt, einmal zusammen. Schreibe richtig.**

schönreden | schön reden

1. Die Situation ist mies. Da kann man nichts mehr ______________.
2. Nuschel nicht so! Ich weiß genau, dass du auch ______________ kannst.

großschreiben | groß schreiben

3. Um deine Schrift zu lesen, brauche ich eine Lupe. Würdest du bitte ______________?
4. Substantive musst du immer ______________.

freisprechen | frei sprechen

5. Du wirst für dein Referat sicher eine gute Note bekommen, wenn du ______________ wirst.
6. Wir gehen davon aus, dass der Richter ihn ______________ wird.

dichthalten | dicht halten

7. Das ist ein Geheimnis, du musst also unbedingt ______________!
8. Ich hoffe sehr, dass wir den Schlauch auch auf Dauer ______________ können.

ÜBEN

3.3 Gleich klingende Wörter

das und *dass*

das ■ steht als **Artikel** bei einem Substantiv. Probe: Du kannst stattdessen *dieses* oder *jenes* einsetzen.	**Das** Kind geht noch in den Kindergarten. *Probe: **Dieses** Kind geht noch …*
■ steht als **Demonstrativpronomen,** oft am Anfang eines Satzes. Probe: Du kannst stattdessen *dieses* oder *jenes* einsetzen.	**Das** gefällt mir! *Probe: **Dieses** gefällt mir!*
■ leitet als **Relativpronomen** einen Nebensatz ein. Probe: Du kannst stattdessen *welches* einsetzen.	Das Buch, ***das*** ich gerade lese, ist sehr spannend. *Probe: Das Buch, **welches** ich gerade …*
dass ist eine unterordnende **Konjunktion** und leitet einen Nebensatz ein. Probe: Du kannst *dass* nicht durch *dieses, jenes* oder *welches* ersetzen.	Er sagt, **dass** er nicht gerne ins Kino geht. **Dass** meine Freundin blaue Haare hat, finde ich besonders schön.

seit und *seid*

seit ■ leitet als **Präposition** eine adverbiale Bestimmung der Zeit ein.	**Seit** 20 Jahren ist er Schulleiter. *Probe: **Seit wann** ist er Schulleiter?*
■ leitet als **Konjunktion** einen temporalen Nebensatz ein. Probe: Die Wendung, die mit *seit* eingeleitet ist, gibt eine Antwort auf die Frage *seit wann?*	Ihr geht es besser, **seit** sie Sport treibt. *Probe: **Seit wann** geht es ihr besser?*
seid ist die Verbform der zweiten Person Plural von *sein*.	Ihr **seid** meine besten Freunde. **Seid** ihr heute auch dabei?

end- und *ent-*

Die Vorsilbe ***end-*** ist von dem Wort *Ende* abgeleitet und drückt aus, dass etwas den endgültigen Schlusspunkt darstellt.	endlich – endgültig – endlos – beendigt – Endspiel – Endstation – Endung – Endziel – enden – beenden – vollenden
In allen anderen Fällen, die nichts mit einem endgültigen Schlusspunkt zu tun haben (also nicht vom Wort *Ende* abgeleitet sind), steht die Vorsilbe ***ent-***.	entzückend – entsetzlich – entnervt – entzünden – entkleiden – entwarnen – entleeren – entweichen – enttäuschen – Entfernung – Entdeckung – Entscheidung

ÜBUNG 15 **Bilde aus zwei Sätzen jeweils einen Haupt- und einen Nebensatz (Relativsatz). Schreibe in dein Übungsheft.**

Beispiel: Meine Freundin hat ein Buch gelesen.
Sie fand es ganz toll. → Meine Freundin hat ein Buch gelesen, das sie ganz toll fand.

1. Gestern habe ich mir von meiner Freundin ein Buch ausgeliehen.
   Ich wollte es auch lesen.
2. In dem Buch geht es um ein Mädchen.
   Es ist gerade mit seinen Eltern umgezogen.
3. Beim Auspacken entdeckt sie das Tagebuch ihrer verstorbenen Oma.
   Sie steckt es schnell in ihr Badehandtuch.
4. Erst einige Tage später holt sie das Buch wieder hervor.
   Es sieht sehr benutzt aus.
5. Als Erstes schreibt ihre Oma von einem Abenteuer.
   Man kann es kaum glauben.
6. Schließlich beschreibt die Oma ihr Elternhaus.
   Es stand in der Heinestraße.

ÜBUNG 16 **Setze richtig ein: *dass* oder *das*?**

Das Theaterstück, ________ die Schülerinnen und Schüler der Klassen 7 bis 10 gestern in der Aula der Sophie-Scholl-Schule aufführten und ________ zunächst auch ganz spannend war, wurde für die Zuschauer am Ende völlig langweilig, weil die jüngeren Darsteller ________ Stück offensichtlich nicht gut kannten und viele Fehler machten. Man sah ihnen oft an, ________ sie sehr unsicher waren. Sicherlich hofften sie oft, ________ der Vorhang bald wieder zugezogen würde. Außerdem goss der Kellner der Hauptdarstellerin ________ Wasser, ________ sie bestellt hatte, über das Kleid. ________ ________ erst kurz vor dem Ende des Stückes passierte, tröstete die Darstellerin auch nicht. Schließlich war sie so frustriert, ________ sie einfach ihren Mantel anzog und meinte, ________ es im Restaurant recht kühl sei. ________ Publikum applaudierte hinterher eher aus Höflichkeit als vor Begeisterung.

ÜBEN

WISSEN

Unterscheidung von *wider* und *wieder*

- Die Präposition **wider** drückt in Verbverbindungen einen Gegensatz aus.

  widersprechen *(= sich gegen die Meinung eines anderen äußern)*
  widerstehen *(= sich gegen jemanden oder etwas behaupten)*
  Dem **wider**setzte ich mich!

- Das Adverb **wieder** drückt in Verbverbindungen eine Wiederholung im Sinne von *erneut* oder *zurück* aus.

  Wir werden uns bestimmt wieder sprechen.
  Die 5 €, die ich mir gestern geliehen habe, werde ich dir wiedergeben.

ÜBUNG 17 **Benenne das Gegenteil und benutze dabei Wörter mit *ent-* oder *wider-*.**

bekleiden	________	falten	________
zugelaufen	________	spiegeln	________
sinnvoll	________	belüften	________
verseuchen	________	rechtmäßig	________
gerne	________	verzaubern	________
verhüllen	________	einrollen	________
Zustimmung	________	vergiften	________
ermutigend	________	fragen	________

ÜBUNG 18 **Setze richtig ein: *seit* oder *seid?***

1. ________ wir wieder Schule haben, habe ich nicht mehr so viel Zeit für mein Hobby.
2. Ihr ________ wirklich eine lustige Truppe.
3. Sie geht zur Klavierstunde ________ sie zehn Jahre alt ist.
4. Mein Vater warnt uns ständig: „________ vorsichtig!“
5. ________ sie im Fußballverein ist, kennt jeder im Dorf ihren Namen.
6. Die Trainerin sagt, dass ihr ein starker Gegner ________.
7. ________ mal kurz still, damit ich telefonieren kann!

ÜBUNG 19 **Mache aus zwei Hauptsätzen einen Haupt- und einen Nebensatz. Entscheide, ob es ein Relativsatz mit *das* oder ein Konjunktionalsatz mit *dass* ist. Schreibe in dein Übungsheft.**

1. Niemand hätte es vor 30 Jahren gedacht. Der Computer gehört heute fast zu jedem Haushalt.
2. Das Leben der Menschen hat sich rasant verändert. Es war früher noch ein wenig ruhiger.
3. Vor 60 Jahren füllte das Gerät noch zwei Räume aus. Man nannte es Computer.
4. Heute sind die Computer für den alltäglichen Gebrauch sehr klein. So passen sie in eine Aktentasche.
5. In einer Zeit, in der die Preise steigen, werden die Computer immer günstiger. Viele Menschen wundern sich darüber.
6. Aber die Fähigkeiten des menschlichen Gehirns wird der Computer wohl nie erreichen. Es ist viel leistungsfähiger.

ÜBUNG 20 **Setze richtig ein: *dass* oder *das, seit* oder *seid, end-* oder *ent-?***

Versunkene Legende

Niemand hätte damit gerechnet, __________ die Titanic, __________ größte Luxusschiff seiner Zeit, einmal sinken würde. Als sie 1912 endlich aus dem Hafen auslief, verließ man sich auf die weitverbreitete Annahme, __________ sie unsinkbar sei. Es __________sprach dem Denken der Zeit, __________ die Menschen sich für unfehlbar hielten. __________ der Erfindung der Dampfschiffe glaubten alle, __________ das Reisen auf dem Meer immer sicherer würde. __________ lose und ungewisse Reisen wurden nun planbar. Niemand hörte auf die Schiffbauer, die immer wieder warnten: „__________ vorsichtig!“ Das Meer, __________ die Menschen schon immer begeisterte, war für sie nun ein Verkehrsweg wie jeder andere. __________gegen allen Voraussagen kam es dann jedoch zu einem so fürchterlichen Unfall. __________ seinem Sinken liegt der Schiffsriese in 3 800 Metern Tiefe. Er ist ein Wrack, __________ Forscher und Andenkensammler gleichzeitig anzieht. __________ die Titanic jemals gehoben wird, ist sehr unwahrscheinlich.

KLASSENARBEIT 1

45 Minuten

AUFGABE 1 **Setze die folgenden Wortbestandteile so mit den Endungen zusammen, dass sich die gesuchten Substantive ergeben, und schreibe sie mit ihrem Artikel auf.**

eigen, blind, geheim, eitel, tapfer, fahnd, ehrlich, bild, faul

-tum
-schaft
-heit
-keit
-nis
-ung

versäum, meister, reich, herr, frech, christen, munter, entscheid

1. Lernen und Wissen: ____________________
2. grobe Unhöflichkeit: ____________________
3. nicht sehen können: ____________________
4. Nichtstun: ____________________
5. über andere verfügen, regieren: ____________________
6. etwas sehr gut können: ____________________
7. eine Religion: ____________________
8. viel Geld: ____________________
9. lebendig, wach sein: ____________________
10. großer Mut: ____________________
11. sich selbst schön finden: ____________________
12. zu etwas Ja oder Nein sagen: ____________________
13. etwas verschweigen: ____________________
14. der Besitz an etwas: ____________________
15. die Wahrheit sagen: ____________________
16. etwas nicht erledigen: ____________________
17. Verbrechersuche: ____________________

AUFGABE 2 **Hebe im folgenden Satz alle Buchstaben, die großgeschrieben werden müssen, rot hervor.**

derleutnantvonleutenbefahlseinenleutennichteherzuläutenbisderleutnantvon leutenseinenleutendasläutenbefahl.

AUFGABE 3 **Füge die Bausteine zu Verbverbindungen zusammen. Verbindungen, die zusammengeschrieben werden, kennzeichnest du mit einer durchgehenden Linie, solche, die getrennt geschrieben werden, mit einer gestrichelten Linie.**

dabei   aufeinander   schieds   Fußball   hinterher   kennen

spielen   sein   laufen   richtern   lernen   treffen

AUFGABE 4 **Setze richtig ein: *ent-* oder *end-?***

_____lich haben wir die Karten! Völlig _____nervt haben wir mehrere Stunden Schlange gestanden. Das _____ergebnis sind zwei Konzertkarten und zwei _____nervte Gesichter. An der _____losen Warteschlange sind immer wieder Menschen mit _____geistertem Blick _____langgelaufen. _____gegen allen Voraussagen hat es jedoch nicht geregnet. Zwischendurch hat sich meine Freundin aus der Schlange _____fernt, um etwas zu essen zu holen. Erst nach einer Stunde hat sie eine Pommesbude _____deckt und ist glücklich zurückgekommen. Allerdings waren die Pommes, als sie _____lich bei mir ankamen, schon kalt. Deshalb war ich etwas _____täuscht. Völlig _____setzt war ich jedoch über den Preis: 3,50 €! Für das Geld bekomme ich in der Imbissbude, die an der _____haltestelle meiner Straßenbahnlinie steht, mindestens das Doppelte.

AUFGABE 5 **Setze in die folgende Abbildung die richtigen s-Laute ein.**

AUFGABE 6 **Schreibe den folgenden Text als Schleichdiktat in dein Übungsheft.**

Mit dem Schleichdiktat verbesserst du nicht nur deine Rechtschreibung, sondern auch deine Konzentrationsfähigkeit. Und so funktionierts:

1. Lies den Diktattext einmal gründlich durch.
2. Lege den Text an eine Stelle, zu der du vom Arbeitsplatz aus hingehen musst.
3. Merke dir einen überschaubaren Sinnabschnitt, gehe an deinen Arbeitsplatz zurück und schreibe den Text auswendig auf. Arbeite dich so nach Sinnabschnitten durch den gesamten Diktattext.
4. Lies deinen Text noch einmal gründlich durch.
5. Vergleiche deinen Text mit der Vorlage und überprüfe, in welchen Bereichen der Rechtschreibung du noch ein bisschen üben musst.

Meine Oma ist eine echte Genießerin, sie kann unheimlich gut kochen. Ich esse dreimal in der Woche bei ihr. Am besten schmecken mir ihre Königsberger Klopse. Wenn es die gibt, kann ich nicht widerstehen. Aber auch ihr Leipziger Allerlei und ihr rheinischer Sauerbraten sind nicht zu verachten. Und abends gibt es bei ihr schon mal ein herzhaftes Brot mit westfälischem Schinken, dazu trinkt sie meist nur ostfriesischen Tee, manchmal aber auch ein kleines Gläschen vom bayerischen Bier. Während meine Oma wochentags also zu Hause bleibt, gönnt sie sich an jedem Wochenende etwas Schönes. Samstags geht sie regelmäßig mit ihren Freundinnen Kaffee trinken. „Das Kaffeetrinken am Samstag, das ist für mich das Schönste, der Höhepunkt der Woche!", hat sie zuletzt einmal gesagt. „Vor allem seit sie das Wiener Kaffeehaus so toll renoviert haben, so etwas Gemütliches, das habt ihr noch nie gesehen." Und auch sonntags bleibt die Küche kalt, da geht sie in ein ganz vornehmes französisches Restaurant. Ja, meine Oma, die weiß zu leben!

TESTEN

KLASSENARBEIT 2

45 Minuten

AUFGABE 7 **Im folgenden Text ist alles – mit Ausnahme der Satzanfänge – kleingeschrieben. Unterstreiche alle Wörter, die du für Substantive hältst, und dazu jene Begleiter, die dir helfen, das Substantiv zu erkennen. Achtung: In einem Satz musst du hierzu eine mit dem Artikel verschmolzene Präposition auflösen.**

Aus einer Schulordnung

1. Das befahren des schulhofs ist während der unterrichtszeit nicht gestattet.
2. Es ist verboten, auf der wiesenfläche vor der turnhalle zu picknicken.
3. Nach dem ende des unterrichts darf der parkplatz von den anliegern genutzt werden, da dann die unfallgefahr am geringsten ist.
4. Den schülern ist das betreten des klassenraumes erst mit dem klingeln gestattet. Der klassenlehrer öffnet und schließt den raum.
5. Während des unterrichts sind das essen und das trinken verboten.
6. Im sportunterricht müssen die schüler auf den schwächsten achten.

TESTEN

AUFGABE 8 **Setze *das* oder *dass* ein.**

1. ________ erste Klingeln ist ein Zeichen dafür, ________ der Unterricht in fünf Minuten losgeht und ________ alle Schülerinnen und Schüler, aber auch die Lehrerinnen und Lehrer sich in ________ Klassenzimmer begeben sollen.
2. ________ Klassenzimmer, ________ erst vor wenigen Monaten renoviert worden ist, sieht schon wieder schmuddelig aus.
3. ________ Hauptproblem, ________ viele Schülerinnen und Schüler sowie Eltern und Lehrerinnen und Lehrer beklagen, ist, ________ die Klassen zu groß sind.
4. ________ jemand glaubt, ________ die Schulzeitverkürzung dazu führt, ________ die Schülerinnen und Schüler am Ende besser ausgebildet sind, ________ kann ich nicht verstehen.
5. ________ die Schülerinnen und Schüler nicht nur Wissen anhäufen sollen, sondern auch lernen sollen, friedlich und gewaltfrei miteinander umzugehen, ________ ist eine wichtige Forderung an die Schulen.

AUFGABE 9 **Setze die Ausdrücke, die in Klammern stehen, in richtiger Groß- und Kleinschreibung in die Lücken ein.**

Streitschlichter

Jeder Schüler muss mit (ZAHLREICHEN MITSCHÜLERN) ______ auskommen. Dadurch ergeben sich häufig (KLEINERE KONFLIKTE) ______ bis hin zu (HEFTIGEN STREITIGKEITEN) ______. In vielen Schulen werden deshalb (BESONDERS AUSGEBILDETE STREITSCHLICHTER) ______ eingesetzt. Sie sind (AUFS BESTE) ______ darauf vorbereitet, wenn (ZWEI STREITENDE) ______ sich nicht mehr (OHNE FREMDE HILFE) ______ einigen können. Die Streitschlichter hören sich (DAS FÜR UND WIDER) ______ zu einem bestimmten Streitfall an, stellen (EIN PAAR FRAGEN ZUR KLÄRUNG DES SACHVERHALTS) ______, ergreifen aber (FÜR NIEMANDEN PARTEI) ______. (DAS WICHTIGSTE AN DER STREITSCHLICHTUNG) ______ ist, dass (DIE BEIDEN STREITHÄHNE) ______ selbstständig zu einer (GUTEN UND VON DEN ZWEIEN ANERKANNTEN LÖSUNG) ______ kommen.

AUFGABE 10 **Der folgende Text enthält einige Fehler. Korrigiere sie und schreibe den Text richtig in dein Übungsheft.**

Heute vormittag kamen zwei Kinder aus der 6. Klasse ins Streitschlichterbüro. Maya warf Paul vor, mit Absicht ihr Lineal zerbrochenzuhaben. Paul wehrte sich mit einigen beschimpfungen. Es wurde aber schnell klar, das auch Maya an dem Vorfall Schuld war. Sie hatte Morgens bei der Lehrerin gepetzt, das Paul kein Bisschen für die Mathe-Hausaufgaben getan hatte. sie wahren von ihm am frühen morgen Flugs im Bus erledigt worden. Pia, die ehrfahrene Streitschlichterin, konnte dazubeitragen, das Maya die Auseinandersetzung mit ihrem Klassenkameraden schnell bei legen konnte. Paul kaufte ein neues Lineal und Maya, die in Mathe besonders gutist, verpflichtete sich, Paul zweimal bei den Haus-Aufgaben zu helfen.

TESTEN

KLASSENARBEIT 3

45 Minuten

AUFGABE 11 **Schreibe aus den folgenden Horoskoptexten die Grundform der sieben Verben heraus, die aus zwei Wörtern zusammengesetzt sind und zusammengeschrieben werden.**

WIDDER

Momentan wird Sport bei Ihnen großgeschrieben. Sie sollten aber Ihre Kräfte schonen. Überdenken Sie Ihr Fitnessprogramm!

STIER

Sie sollten beruflich kürzertreten. Wer wird denn gleich schwarzsehen? Lassen Sie ruhig auch andere mal arbeiten. Der Laden wird auch ohne Sie laufen. Lassen Sie sich krankschreiben!

KREBS

Sie wollen Ihren Mitmenschen doch wohl nicht weismachen, Sie hätten bereits alles getan? Langweilen Sie andere nicht mit Ausreden. Arbeiten Sie an ihrem Traum!

AUFGABE 12 **Setze in den folgenden Texten die richtigen s- und i-Laute ein. Denke daran, dass die höfliche Anrede großgeschrieben wird!**

Zwillinge:

In der Fam___l___e werden schw___r___ge Zeiten auf ___ie zukommen. E___i___t toll, da___ ___r Partner e___mit___nen gut meint. Aber andere Fam___l___enm___tgl___der haben ___r Vertrauen mi___braucht und w___cht___ge Informationen vor ___nen geheim gehalten.

Jungfrau:

S___ werden ___ren Traumjob f___nden! Sie mü___en nur noch zugreifen! Wenn ___ie nicht zu mi___mutig in da___ Vorstellungsgespräch gehen, ist e___ sehr wahrscheinlich, da___ ___ie ___ich die Stelle s___chern können. Und da___i___t gut, denn ___r neuer Arbeitgeber i___t eine Top-Adre___e.

AUFGABE 13 **Setze die richtigen Verben ein.**

1. wieder stehen oder widerstehen?

   Steinbock: Gesundheitlich geht's im Moment nicht so gut, Sie müssen das Bett hüten. Aber wenn Sie der Versuchung ____________________, alles auf einmal erreichen zu wollen, werden Sie schon bald ____________________.

2. wieder sprechen oder widersprechen?

   Wassermann: Wenn Sie Ihrem Chef ständig ____________________, wird er Sie schon bald ____________________ wollen, um Ihnen die Kündigung zu überreichen.

3. wieder legen oder widerlegen?

   Fische: Bald schon wird der Sturm sich ____________________, das Glück, das Sie in den nächsten Wochen haben werden, wird Ihre schlimmsten Befürchtungen ____________________.

AUFGABE 14 **Schreibe die Horoskoptexte richtig in dein Übungsheft. Achte auf die Großschreibung der höflichen Anrede!**

WAAGE

jetztkannesendlichmitd
erdiätlosgehen. nieman
dwirdsiebloßstellen. viel
mehrwerdensievona
llenfürihrenmutanges
ehen. diegrößtenschw
ierigkeitenwerdenna
chdreiwochenauftret
en, wennsieaufgeb
enwollen. siewerdendur
chhaltenundesallenz
eigen!

SKORPION

einengroßenlottogewinn
kannichihnenzwarnicht
voraussagen, siewerde
naberihretraumfrauoder
ihrentraummannkenne
nlernen. wennsies
ichaufdiesefügungd
esschicksalseinstellen,
werdensiebeiihremnäch
stenrendezvousschon
nichtbadengehen.

SCHÜTZE

wennsiegerneanverlos
ungenteilnehmen,
könnensiediesewocheg
etrosteinegrößeresum
meeinsetzen. ihrtippwir
dschonnichtfehlschl
agen. überlegensieab
ergut, wassiemitdemge
winnanfangenwollen,
damitesamendenichthei
ßt: wiegewonnen, soz
erronnen!

4 Zeichensetzung

4.1 Satzreihe – Satzgefüge

WISSEN

Satzreihe

Werden zwei **gleichrangige** Sätze (Hauptsatz + Hauptsatz oder Nebensatz + Nebensatz) miteinander verbunden, spricht man von einer **Satzreihe.**	Marsha freut sich auf den Urlaub, ihre Familie fliegt nach Kreta.
Steht zwischen den Sätzen einer Satzreihe keine Konjunktion (Bindewort), muss ein **Komma** gesetzt werden.	Leonies Familie fährt an die Nordseeküste, sie will dort campen.
Gleichrangige Sätze können aber auch durch **nebenordnende Konjunktionen** verbunden werden. Zu diesen gehören: ■ **anreihende Konjunktionen** wie *und, oder, sowohl ... als auch,* die zwei oder mehrere Sätze aneinanderreihen.	Marsha fliegt nach Kreta(,) **und** Leonies Familie will an der Nordsee campen.
Sind Hauptsätze mit einer anreihenden Konjunktion verbunden, musst du **kein Komma** setzen, du darfst es aber, wenn du die Gliederung verdeutlichen willst.	Marsha fliegt nach Kreta(,) **oder** sie fährt mit Leonies Familie an die Nordsee zum Campen.
■ **entgegensetzende Konjunktionen** wie *aber, doch, jedoch,* die zwei oder mehrere Sätze gegenüberstellen sowie ■ die **begründende Konjunktion** *denn.*	Marsha fliegt nach Kreta**, aber** Leonies Familie fährt an die Nordseeküste. Marsha freut sich auf den Urlaub**, denn** ihre Familie fliegt nach Kreta.
Sind die Sätze einer Satzreihe mit einer entgegensetzenden oder begründenden Konjunktion verbunden, muss **immer ein Komma** stehen.	
Tipp: Setzt du zwischen zwei Hauptsätzen immer ein Komma, machst du nie einen Fehler!	Marsha fliegt nach Kreta**, und** Leonie fährt zur Nordsee**, aber** ich fliege in die USA**, denn** das ist das Ziel meiner Träume.

Satzgefüge

Werden zwei **nicht gleichrangige** Sätze (z. B. Hauptsatz + Nebensatz) miteinander verbunden, spricht man von einem **Satzgefüge.**

Während ein **Hauptsatz** allein stehen kann, kann ein **Nebensatz** (1) nicht allein stehen. Er bekommt erst durch den **übergeordneten Satz** (2) einen Sinn.

Einen Nebensatz erkennst du auch daran, dass die **Personalform des Verbs** immer an **letzter Satzgliedstelle** steht.

(1) **Dass ich einmal im Lotto gewinne,**
(2) ist mein großer Traum,
(1) **der sich aber wahrscheinlich sowieso nie erfüllt,**
(2) dabei wüsste ich schon ganz genau,
(1) **was ich mit all dem Geld machen würde.**

Zwischen dem **Nebensatz** und dem **übergeordneten Satz** steht immer ein **Komma.**

Weil viele Menschen vom großen Geld träumen, spielen sie regelmäßig Lotto.

Der Nebensatz kann dem übergeordneten Satz **vorangestellt, nachgestellt** oder in ihn **eingefügt** werden.

Die meisten Leute wissen aber**, dass die Gewinnchancen sehr gering sind.**

Mein Onkel hat mir von einem Mann**, der im Lotto gewonnen hatte,** erzählt.

Oft ist der übergeordnete Satz ein Hauptsatz. Nebensätze können aber auch von anderen Nebensätzen abhängig sein.

Er sagte**, dass dieser ganz aufgeregt war, weil er nicht wusste, was er mit dem Geld machen sollte.**

Wenn **mehrere** Nebensätze von **einem** übergeordneten Satz abhängig sind, nennt man sie **gleichrangige Nebensätze.**

Wenn sie nicht durch eine anreihende Konjunktion verbunden sind, werden sie mit **Komma** getrennt.

Was er mit dem Geld machen **sollte,** ob er sich davon ein Haus kaufen **konnte,** ob es nur zu einem neuen Auto reichen **würde** oder ob er lieber eine große Reise machen **sollte,** über all das musste er noch gründlich nachdenken.

Gleichrangige Nebensätze, die mit einer **anreihenden Konjunktion** verbunden sind, dürfen aber **nicht** mit Komma getrennt werden.

Er wusste aber genau, dass er mit seinen Verwandten und Freunden ein großes Fest feiern **wollte und** dass dabei getanzt und gelacht werden **sollte.**

ÜBUNG 1 **Hebe in den folgenden Satzverbindungen alle Hauptsätze farbig hervor und unterstreiche alle Nebensätze.**

1. Gestern haben wir unser Auto gepackt, und morgen fahren wir in den Urlaub nach Frankreich.
2. Im Urlaub werden wir in einem kleinen Dorf wohnen, weil wir das mehr mögen als Großstädte.
3. Wir werden über eine schmale und nicht sehr gut ausgebaute Straße fahren, die direkt an der Küste verläuft.
4. Während unseres Urlaubs werden wir sicher viel im Meer baden, natürlich werden wir unseren Nachbarn auch eine Postkarte schreiben.
5. Sie kümmern sich während unserer Abwesenheit um das Haus und die Blumen, und sie leeren täglich den Briefkasten aus.
6. Wenn wir dann zurückkommen, gibt es immer ein kleines Fest, bei dem wir die mitgebrachten Spezialitäten aus unserem Urlaubsland gemeinsam verspeisen.

ÜBUNG 2 **Sortiere die folgenden Satzverbindungen: Welche sind Satzreihen, welche Satzgefüge? Trage die richtigen Nummern unten ein.**

1. Meine Mutter will heute in die Stadt fahren, und sie will den Lottoschein abgeben.
2. Die Frau in der Annahmestelle, die alle Kunden stets zuvorkommend behandelt, kennt meine Mutter, die jeden Freitag kommt, schon persönlich.
3. Nachdem meine Mutter den Lottoschein abgegeben hat, kauft sie auch meistens noch eine Zeitschrift.
4. Manchmal bringt sie mir auch eine Jugendzeitschrift mit, und ich lese sie noch am gleichen Tag.
5. Weil meine Freundin die Zeitschrift auch gerne liest, gebe ich sie ihr, nachdem ich die interessanten Artikel gelesen habe.
6. Sie schneidet sich dann immer die Poster von den aktuellen Bands aus, aber ich interessiere mich mehr für die Sportstars.

Satzgefüge ______________________________

Satzreihe ______________________________

ÜBUNG 3 **Ergänze in den folgenden Satzreihen die fehlenden Kommas und klammere die Kommas ein, die nicht unbedingt stehen müssen.**

1. Am Schulsportfest nehmen alle Klassen teil die Schülerinnen der Jahrgangsstufen 11 und 12 werden in Gruppen aufgeteilt.
2. Für jede Gruppe ist eine Lehrperson zuständig denn die Ergebnisse sollen korrekt auf den Leistungsbögen eingetragen werden.
3. Hoffentlich scheint die Sonne aber das Sportfest findet auch bei kurzen Regenschauern statt.
4. Zum Staffellauf versammeln sich alle an dem großen Rasenplatz und die Schülerinnen und Schüler der unteren Klassen beginnen den Wettkampf.
5. Aus jeder Klasse dürfen nur acht Schülerinnen und Schüler teilnehmen aber der jüngste Schüler und die älteste Schülerin sollten auf jeden Fall dabei sein.
6. Die älteren Schülerinnen und Schüler treten zu einem Hürdenlauf an oder sie nehmen an einem Langstreckenlauf teil.

ÜBUNG 4 **In den folgenden Satzgefügen fehlen die Kommas. Außerdem ist die Wortstellung im Nebensatz falsch. Schreibe den Satz richtig darunter.**

1. Im Sommer darf ich mit meiner Jugendgruppe eine Bergtour machen obwohl meine Eltern waren erst nicht von dieser Idee begeistert.

2. Unsere Begleiter aber konnten meine Eltern überzeugen weil sie hatten die Tour schon einmal gemacht.

3. Nach dem Elternabend an dem sie hatten die schönsten Bilder gezeigt wäre mein Vater auch gern als Betreuer mitgefahren.

4. Ich freue mich sehr auf die Tour weil alle meine Freunde fahren auch mit.

ÜBUNG 5 **Sieh dir die Bilderpaare mit Henry genau an und formuliere daraus Satzgefüge. Schreibe in dein Übungsheft. Unterstreiche den Nebensatz und achte auf die Zeichensetzung sowie die Wortstellung!**

1a

1b

2a

2b

3a

3b

4a

4b

ÜBUNG 6 **Setze im folgenden Text die fehlenden Satzzeichen, klammere die Kommas ein, die du nicht unbedingt setzen musst.**

Wenn ich in den Urlaub fahre möchte ich auch gern meinen Hund mitnehmen Im Zug danach habe ich mich schon erkundigt kann er umsonst mitreisen weil er ja keinen Sitzplatz benötigt Wenn wir aber ins Ausland fahren wollen gibt es einige Regeln zu beachten In einigen Ländern muss das Tier besonders geimpft worden sein damit es einreisen darf In manchen Hotels fühlen sich die Gäste von mitreisenden Hunden gestört aber es gibt auch Ferienanlagen die sich auf Familien mit Haustieren eingestellt haben Es gibt dort zum Beispiel Hundekörbchen auf den Zimmern und oft auch ein eigenes Restaurant für die Hunde Dass es in manchen Anlagen auch einen Hundefriseur gibt versteht sich von selbst

4.2 Relativsätze

Ein **Relativsatz** ist ein Nebensatz, der durch ein Relativpronomen *(der, die, das)* eingeleitet wird.	Das Leben der Wale ist ein Thema, **das** mich ganz besonders **interessiert.**
Die Personalform des Verbs steht wie in allen Nebensätzen an letzter Satzgliedstelle.	Es fehlt mir nur noch ein Experte, **der** mir zu diesem Thema Auskunft geben **kann.** Vielleicht gibt es auch eine gute schriftliche Informationsquelle, **die** ich nutzen **kann.**
Vor dem Relativpronomen kann auch eine **Präposition** stehen.	In vielen Städten gibt es eine gut sortierte Stadtbücherei, **in der** man Sachbücher, Romane und andere Medien ausleihen kann.
Das Relativpronomen kann dekliniert werden.	(siehe Tabelle unten)
Es richtet sich in **Genus** (Geschlecht) und **Numerus** (Zahl) nach dem **Bezugswort** im übergeordneten Satz. Der **Kasus** (Fall) des Relativpronomens wird durch das **Prädikat** des Relativsatzes bzw. von der vorausgehenden **Präposition** bestimmt.	Kriminalromane sind **die Bücher, die** Pia am liebsten **liest.** die Bücher → *Bezugswort: Neutrum Plural* *Wen oder was liest sie?* → *Akkusativ* *Relativpronomen: Akkusativ Neutrum Plural:* **die** Sie hat sich in der letzten Woche sieben **Kinderkrimis** ausgeliehen**, von denen** sie fünf schon wieder ausgelesen hat. Kinderkrimis → *Bezugswort: Maskulinum Plural* *Von wem oder was?* → *Dativ* *Relativpronomen: Dativ Maskulinum Plural:* **denen**
Relativsätze werden – wie alle Nebensätze – immer **mit Komma** vom übergeordneten Satz abgetrennt.	Am besten gefallen ihr die Krimis, bei **denen** sie mitraten kann.

	Nom.	***Gen.***	***Dat.***	***Akk.***
Sing.				
Mask.	der	dessen	dem	den
Fem.	die	deren	der	die
Neutr.	das	dessen	dem	das
Plur.	die	deren	denen	die

WISSEN

ÜBUNG 7 **Setze in den Satzgefügen die richtigen Relativpronomen ein. Achtung: Manchmal fehlt auch noch eine Präposition!**

1. Auf dem Markt, ________ jede Woche stattfindet, kann man immer frische und qualitativ hochwertige Waren kaufen.
2. Viele Kundinnen und Kunden, ________ sonst nur im Supermarkt einkaufen, schätzen auch die gute und freundliche Beratung der Marktleute.
3. Am besten kommen diejenigen Verkäuferinnen und Verkäufer an, ________ zu ihren Waren auch noch ein paar Zubereitungstipps geben.
4. Das Gemüse, ________ auf dem Markt angeboten wird, ist immer frisch.
5. Es gibt auch noch einen Stand, ________ man leckeren Backfisch kaufen kann.
6. Auch eine Bude, ________ im Sommer Bier und Limonade und im Winter Glühwein und Kaffee angeboten werden, befindet sich dort.
7. Viele Leute, ________ zum Markt kommen, schätzen dieses Angebot besonders.

ÜBUNG 8 **Markttreiben: Beschreibe das, was du auf den Bildern sehen kannst. Benutze dazu Satzgefüge mit Relativsätzen und schreibe sie in dein Übungsheft.**

1

2

3

4

5

6

ÜBUNG 9 **Wandle die Satzreihen in Satzgefüge mit Relativsätzen um. Schreibe in dein Übungsheft.**

1. Die Marktleute stehen sehr früh auf, sie müssen schon morgens um 5 Uhr zum Großmarkt.
2. Die Verkäuferinnen und Verkäufer haben einen anstrengenden Beruf, sie stehen bei Wind und Wetter an ihren Marktständen.
3. Herr Schmoll geht immer erst kurz vor Schluss auf den Markt, weil er die Waren dann billiger bekommt, denn er will Geld sparen.
4. Frau Krause ist besonders gesundheitsbewusst, sie kauft immer nur beim Biobauern.
5. Für manche ist der Einkauf auf dem Markt auch eine willkommene Gelegenheit zu einem Schwätzchen, sie treffen dort Bekannte.

ÜBUNG 10 **Wandle die rot hervorgehobenen Wendungen in Relativsätze um.**

1. Viele Kunden bevorzugen Waren aus ihrer Region.

2. Eine besondere Delikatesse ist der Bornheimer Spargel.

3. Herr Schmoll, der Koch vom Rheinischen Hof, erfindet immer wieder neue Spargelrezepte.

4. Damit erfreut er seine sehr anspruchsvollen Gäste.

ÜBUNG 11 **Bestimme in den folgenden Sätzen das hervorgehobene Relativpronomen nach Kasus, Numerus und Genus.**

1. Das Putengeschnetzelte nach Art des Hauses, das auch heute auf der Karte steht, ist bei seiner Kundschaft sehr beliebt.
2. Beim letzten Kochwettbewerb waren die Testesser, denen die Speisen serviert worden waren, ganz begeistert.
3. Die Urkunde für den Preis, den Herr Schmoll erhalten hat, hängt in seiner Gaststube.

ÜBEN

4.3 Indirekte Fragesätze

Es gibt zwei Arten von Fragen, nämlich die Entscheidungsfrage und die Ergänzungsfrage.	
Die **Entscheidungsfrage** wird eingeleitet mit der **Personalform des Verbs**. Die Antwort kann nur *Ja* oder *Nein* lauten.	**Kommt** ihr heute? **Kann** man das Fußballstadion mit der Straßenbahn erreichen? **Gibt** es noch Karten für das Eishockeyspiel?
Die **Ergänzungsfrage** wird eingeleitet mit einem **Fragewort**. Zur Beantwortung dieser Frage reicht *Ja* oder *Nein* nicht aus, vielmehr müssen Informationen ergänzt werden.	**Wann** kommt ihr? **Wie** kann man das Fußballstadion mit der Straßenbahn erreichen? **Wo** gibt es noch Karten für das Eishockeyspiel?
Wenn du wiedergeben willst, was ein anderer gefragt hat, musst du den Fragesatz in einen Nebensatz verwandeln – in einen sogenannten **indirekten Fragesatz**. Die Personalform des Verbs rückt also an die letzte Satzgliedstelle.	Pia möchte wissen, ob ihr **kommt.** David fragt, wie man das Fußballstadion mit der Straßenbahn erreichen **kann.**
Indirekte Entscheidungsfragen werden mit der Konjunktion *ob* eingeleitet.	Pia hat gefragt**, ob** ihr kommt. David ist interessiert daran**, ob** man das Fußballstadion mit der Straßenbahn erreichen kann. Felix wollte wissen**, ob** es noch Karten für das Eishockeyspiel gibt.
Indirekte Ergänzungsfragen werden durch das **Fragewort** eingeleitet, das auch in der direkten Frage steht.	Pia hat gefragt**, wann** ihr kommt. David ist interessiert daran**, wie** man das Fußballstadion mit der Straßenbahn erreichen kann. Felix wollte wissen**, wo** es noch Karten für das Eishockeyspiel gibt.
Indirekte Fragesätze werden mit einem **Komma** vom übergeordneten Satz abgetrennt. Sie enden mit einem Punkt.	Bei einem so großen Freizeitangebot weiß man gar nicht**, wohin** man am Wochenende gehen soll**.**

WISSEN

ÜBUNG 12 **Entscheidungs- oder Ergänzungsfrage? Ordne richtig zu.**

1. Wie viele Züge fahren täglich nach Mannheim?
2. Fährt auch noch einer nach 23 Uhr?
3. Was kostet die einfache Fahrt nach Ludwigshafen?
4. Ist eine Rückfahrkarte wesentlich billiger?
5. Gibt es auch ein Tagesticket, mit dem ich den ganzen Tag herumfahren kann?
6. Wie viel kostet das?

Entscheidungsfrage ______________________________

Ergänzungsfrage ______________________________

ÜBUNG 13 **Die Fragesätze aus Übung 12 werden nun als indirekte Fragen formuliert. Was fehlt: *ob* oder ein Fragewort?**

1. Pia möchte wissen, ______________ Züge täglich nach Mannheim fahren.
2. Sie hat auch gefragt, ______________ noch einer nach 23 Uhr fährt.
3. Henrik geht zum Schalter und fragt, ______________ die einfache Fahrt nach Ludwigshafen kostet.
4. Weil er noch nicht weiß, ______________ er am selben Tag zurückfahren wird, fragt er, ______________ eine Rückfahrkarte wesentlich billiger ist.
5. Außerdem möchte er gerne erfahren, ______________ es auch ein Tagesticket gibt, mit dem er den ganzen Tag herumfahren kann.
6. Er erkundigt sich auch danach, ______________ das kostet.

WISSEN +

Wenn du eine direkte Frage in eine indirekte Frage umwandelst, ändern sich natürlich auch das **Personalpronomen** und die **Personalform des Verbs**.

Direkte Rede:
Chiara fragt sich: „**Bin ich** wohl rechtzeitig in München?“

Indirekte Rede:
Chiara fragt sich, ob **sie** wohl rechtzeitig in München **ist.**

ÜBUNG 14 **Wandle die direkten Fragen in indirekte Fragen um. Schreibe in dein Übungsheft und achte auf die Zeichensetzung!**

ÜBEN

ÜBUNG 15 **Bilde aus den folgenden Sätzen Satzgefüge mit indirekten Fragen. Schreibe in dein Übungsheft.**

1. Yannik erkundigt sich nach der Abfahrtszeit des Zuges.
2. Tim will die Dauer der Bahnfahrt herausfinden.
3. Laura interessiert sich für die Höchstgeschwindigkeit des Zuges.
4. David fragt nach der genauen Tätigkeit eines Zugbegleiters.
5. Niklas möchte etwas über die Ausbildung eines Lokführers wissen.

ÜBUNG 16 **Unterstreiche im folgenden Text alle indirekten Fragen und setze die fehlenden Kommas.**

Es gibt viele Dinge, die man bei einer Bahnreise beachten muss. Zunächst gilt es natürlich herauszufinden wann die genaue Abfahrtszeit des Zuges ist. Auch sollte man sich darüber informieren wie lange die Bahnfahrt dauert und wie oft man umsteigen muss. Ob es für die geplante Fahrt ein günstiges Sparangebot gibt ist natürlich auch nicht ganz unwichtig. Außerdem sollte man sich auch darüber im Klaren sein in welcher Klasse man reisen will.

4.4 Konjunktionalsätze

Eine wichtige Gruppe der Nebensätze sind die **Konjunktionalsätze.** Sie werden mit einer **unterordnenden Konjunktion** eingeleitet. Die Personalform des Verbs steht immer an letzter Satzgliedstelle.	nachdem – als – seit – während – bis – wenn – falls – weil – da – damit – dass – sodass – indem – obwohl
Konjunktionalsätze können dem übergeordneten Satz **vorangestellt,** ihm **nachgestellt** oder in ihn **eingefügt** werden. Sie werden mit **Komma** vom übergeordneten Satz abgetrennt.	**Nachdem** am Vormittag sehr freundliches Wetter geherrscht hatte, begann es nachmittags zu regnen. Nachmittags begann es zu regnen, **nachdem** am Vormittag sehr freundliches Wetter geherrscht hatte. Es begann, **nachdem** am Vormittag sehr freundliches Wetter geherrscht hatte, nachmittags zu regnen.
Konjunktionalsätze werden nach ihrer **Funktion** im Satz unterschieden: **Temporalsätze** stellen zwei oder mehrere Handlungen, Ereignisse oder Zustände in ein zeitliches Verhältnis. Sie geben Antwort auf die Frage, **wann** etwas passiert bzw. getan wird. Sie werden mit Konjunktionen wie *als, während, nachdem, seit, bis, sobald* eingeleitet.	 Jannik wartete, **bis** der große Regen vorbei war. Jannik ging, **als** der große Regen vorbei war, mit seinen Freunden zum Rollhockeyspiel. **Nachdem** sie zwei Stunden gespielt hatten, gingen sie erschöpft nach Hause.
Konditionalsätze geben die Voraussetzungen für eine Handlung, ein Ereignis, einen Zustand an. Sie geben Antwort auf die Frage, **unter welcher Bedingung** etwas passiert oder getan wird. Sie werden mit den Konjunktionen *wenn* und *falls* eingeleitet.	**Wenn** das Wetter morgen schön ist, gehen wir ins Freibad. Wir können auch schon heute ins Freibad, **falls** der Regen bald aufhört. Wir werden, **wenn** es auch morgen noch regnet, in ein Erlebnisbad fahren.
Kausalsätze geben den Grund für eine Handlung, ein Ereignis, einen Zustand an. Sie geben Antwort auf die Frage, **warum** etwas passiert oder getan wird. Sie werden eingeleitet mit den Konjunktionen *weil* und *da.*	Die gesamte Wiese steht unter Wasser, **weil** es tagelang geregnet hat. Der angekündigte Ausflug muss, **da** es auch morgen regnet, leider ausfallen. **Weil** wir aber dennoch etwas unternehmen wollen, treffen wir uns um 14 Uhr am Zoo.

Finalsätze geben das Ziel einer Handlung an. Sie geben Antwort auf die Frage, **zu welchem Zweck** etwas passiert oder getan wird. Sie werden meistens mit der Konjunktion *damit* eingeleitet.	Wir sollten angemessene Kleidung und gutes Schuhwerk tragen**, damit** wir die schwierige Bergwanderung meistern können. **Damit** wir unterwegs nicht schlappmachen, muss jeder ausreichend zu essen und zu trinken mitnehmen.
Konsekutivsätze geben die Auswirkungen einer Handlung, eines Ereignisses, eines Zustands an. Sie geben Antwort auf die Frage, **mit welchen Folgen** etwas passiert oder getan wird. Sie werden immer nachgestellt und mit den Konjunktionen *dass* und *sodass* eingeleitet.	Der Langstreckenläufer hatte nicht ausreichend trainiert**, sodass** er beim Wettkampf nur auf einen enttäuschenden siebten Platz kam.
Modalsätze geben die Art und Weise an, wie man etwas tut bzw. erreichen kann. Sie geben Antwort auf die Frage, **wie** etwas passiert oder getan wird. Sie werden meistens mit der Konjunktion *indem* eingeleitet.	**Indem** man ausdauernd trainiert, kommt man im Sport zu Höchstleistungen. Man kann seine Leistungsfähigkeit steigern**, indem** man sich bewusst ernährt. Er konnte**, indem** er seine beste Leistung zeigte, das Rennen für sich entscheiden.
Konzessivsätze geben einen nicht ausreichenden Gegengrund für eine Handlung, ein Ereignis oder einen Zustand an. Sie geben Antwort auf die Frage, **trotz welcher Einschränkung** etwas geschieht bzw. getan wird. Sie werden meistens mit der Konjunktion *obwohl* eingeleitet, seltener mit *obgleich*.	Die geplante Radtour findet statt**, obwohl** es regnet. Viele Jugendliche besuchen**, obwohl** der Eintritt oft sehr teuer ist**,** große Konzerte. **Obwohl** ich etwas erkältet bin, nehme ich an den Bundesjugendspielen teil.
Adversativsätze geben einen Gegensatz an. Sie geben Antwort auf die Frage, was geschieht im Gegensatz zu etwas anderem. Sie werden meistens eingeleitet mit den Konjunktionen *während, anstatt, wohingegen*. *Achtung:* Adversativsätze mit *während* können leicht mit Temporalsätzen verwechselt werden, manchmal haben sie auch beide Funktionen.	**Während** mein Bruder schläft, muss ich arbeiten. **Anstatt** zu lesen, schläft er. Ich muss arbeiten**, wohingegen** mein Bruder schlafen kann.

WISSEN

ÜBUNG 17 **Setze in den folgenden Sätzen die Konjunktionen aus dem Wortspeicher ein.**

> als - da - damit - falls - indem - obwohl - sodass - während - weil - wenn

1. Kevin verbringt seine Ferien in London, ________ er dort Verwandte hat.
2. Sein neuer Freund Ben und er treffen sich täglich auf der Straße, ________ sie dort Inlineskates fahren wollen.
3. ________ seine Eltern ein für ihn langweiliges Museum besuchen, läuft er auf Inlinern durch London.
4. ________ seine Eltern aber das Wachsfigurenkabinett auf dem Besichtigungsprogramm haben, schlägt ihm seine Oma vor mitzugehen.
5. Ben ist an diesem Tag weg, ________ Kevin sie gerne begleitet.
6. ________ er sich nicht viel von dem Besuch im Wachsfigurenkabinett versprochen hat, ist er am Abend ganz begeistert.
7. Er hat ein paar Fotos gemacht, ________ er die berühmten Figuren auch seinen Klassenkameraden zeigen kann.
8. ________ er noch einmal nach London kommt, will er sich das Wachsfigurenkabinett erneut ansehen.
9. Bei seinen Freunden hat er großes Interesse an einer Reise nach London geweckt, ________ er ihnen ständig Nachrichten geschrieben hat.
10. ________ seine Eltern es erlauben, wird er auch an dem Schüleraustauschprogramm mit einer Londoner Schule teilnehmen.

ÜBUNG 18 **Ordne jetzt die Konjunktionalsätze richtig zu.**

Temporalsatz: ________

Konzessivsatz: ________

Finalsatz: ________

Modalsatz: ________

Konsekutivsatz: ________

Kausalsatz: ________

Konditionalsatz: ________

WISSEN +

Eine weitere wichtige Gruppe von Konjunktionalsätzen bilden die sogenannten **dass-Sätze.** Sie geben an, was jemand denkt und meint, fühlt und empfindet und was jemand sagt.	Pia sagt**,** **dass** sie im Sommer keine weite Reise unternehmen wird. Sie hofft aber**,** **dass** sie mit ihrer Familie in den Herbstferien nach Teneriffa fliegen kann.

ÜBEN

ÜBUNG 19 **Bilde aus den Hauptsätzen und Konjunktionalsätzen sinnvolle Satzgefüge. Schreibe sie in dein Übungsheft und achte auf die Zeichensetzung.**

Hauptsatz	Konjunktionalsatz
Leon und Ole stehen heute Morgen schon früh auf –	Als sie am Ufer des Sees ankommen –
ist es dort noch stockdunkel und mucksmäuschenstill. –	damit sie, noch bevor sie durch die vielen Spaziergänger gestört werden, ihren Fang machen können. –
fällt ihnen das Stillsitzen und stundenlange Warten nicht schwer. –	wenn am Horizont langsam die Sonne aufgeht. –
Sie holen ihre Angeln und Köder aus ihren Taschen –	weil sie zum Angeln gehen wollen. –
Ein besonders schöner Moment ist es jedes Mal	Weil die beiden geübte Angler sind

ÜBUNG 20 **Markiere im folgenden Text alle Konjunktionalsätze und setze die fehlenden Kommas.**

Wenn wir in den Urlaub fahren ist meine kleine Schwester in der Nacht vorher immer schon aufgeregt. Nachdem wir in den letzten beiden Jahren ziemlich genervt waren haben wir meiner kleinen Schwester gar nicht gesagt dass wir schon am frühen Samstagmorgen losfahren werden. Wir haben sie zu einer Freundin gebracht damit wir in aller Ruhe packen konnten. Meine Schwester wäre wahrscheinlich niemals gegangen wenn sie unseren Plan gekannt hätte. Wir haben für sie alle ihre Badeanzüge eingepackt sodass sie im Urlaub reichlich Auswahl hat. Weil sie auch gerne auf ihrer Luftmatratze im Wasser liegt habe ich auch diese noch in ihren Koffer gequetscht. Als sie am Abend wiederkam stand das Auto fertig gepackt in der Garage. Meine Schwester hat wirklich nichts gemerkt obwohl wir schon alle Blumen zur Oma gebracht hatten. Bei der Autofahrt hat sie dann gesagt dass ihr manches ein bisschen komisch vorgekommen sei und dass wir im nächsten Jahr nicht noch einmal versuchen sollten sie zu überlisten.

ÜBUNG 21 **Wandle die folgenden Satzreihen in Satzgefüge mit Konjunktionalsätzen um. Schreibe in dein Übungsheft und achte auf die Zeichensetzung.**

1. Wir müssen 700 km mit dem Auto fahren, deshalb dauert die Fahrt nach Dänemark ziemlich lange.
2. Wir wollen schon nachts losfahren. So können wir die Staus umgehen.
3. Mein Vater macht für jeden mindestens fünf Brötchen. Dennoch kommen wir hungrig am Ziel an.
4. Meine kleine Schwester nimmt gern ihr Kopfkissen mit. So kann sie noch ein wenig im Auto schlafen.
5. Ich packe immer meinen MP3-Player ein. Vielleicht möchte ich unterwegs ja mal ein bisschen Musik hören.
6. Meine Mutter ist die bessere Kartenleserin. Deshalb ist sie zum Schluss immer die Beifahrerin.
7. Wir packen immer zuerst das Auto aus. Danach fahren wir zum Strand.
8. Abends rufen wir unsere Oma an. So weiß sie, dass wir gut angekommen sind.

ÜBUNG 22 **Bilde aus den folgenden Bausteinen Konjunktionalsätze. Benenne auch, welche Art eines Konjunktionalsatzes du gebildet hast.**

1. trotz Regens – ins Freibad gehen

   Obwohl es regnet, gehen wir ins Freibad. (Konzessivsatz)

2. bei Sonnenschein – eine Radtour machen

3. ein Verkehrschaos am Berliner Ring – wegen des Ausfalls der Verkehrsampeln

4. durch eine gezielte Vorbereitung – ein gutes Ergebnis erzielen

ÜBEN

KLASSENARBEIT 1

45 Minuten

AUFGABE 1 **Setze aus den Bausteinen sinnvolle Satzreihen zusammen. Schreibe sie in dein Übungsheft und achte auf die Zeichensetzung. Klammere die Kommas ein, die du nicht setzen musst, aber setzen darfst.**

- heute hat Hanifa Geburtstag
- aber es scheint nicht besonders schwer zu sein
- sie haben ein riesengroßes Paket mitgebracht
- im Paket befindet sich tatsächlich der Plastiksessel
- Hanifa ist überglücklich und lässt sich mit vollem Schwung auf ihr neues Sitzmöbel fallen
- Hanifas Großeltern kommen, um zu gratulieren
- Hanifa hatte sich einen knallroten aufblasbaren Plastiksessel für ihr Zimmer gewünscht
- und voller Hoffnung und Vorfreude packt sie jetzt das Paket ihrer Großeltern aus

AUFGABE 2 **Mit einem Stufenmodell kann man anschaulich darstellen, welcher Teilsatz in einem Satzgefüge von einem anderen Teilsatz abhängig ist. Der Hauptsatz steht dabei immer auf der obersten Stufe, die abhängigen Nebensätze jeweils eine Stufe tiefer. Setze zuerst die fehlenden Kommas und zeichne dann Stufenmodelle für die folgenden Satzgefüge in dein Übungsheft.**

Beispiel: Nach der Ankunft mussten wir ein bisschen warten, weil eine Luke des Flugzeugs klemmte, sodass das Gepäck nicht rechtzeitig ausgeladen werden konnte.

Hauptsatz,
  Nebensatz,
    Nebensatz.

1. Als wir angekommen waren zeigte uns der Portier unsere Zimmer.
2. Unser Zimmer das einen fantastischen Meerblick hatte lag im dritten Stock.
3. Das Restaurant in dem wir gefrühstückt und zu Mittag gegessen haben war immer gut besucht.
4. Dass manche Gäste gemeckert haben weil ihnen das Essen nicht schmeckte kann ich nicht verstehen.
5. Wir werden wenn sich die Gelegenheit ergibt im nächsten Jahr wieder in dieses Hotel fahren.

AUFGABE 3 **Sortiere die Konjunktionen aus dem Wortspeicher: Welche verbinden gleichrangige Sätze (z. B. Hauptsatz + Hauptsatz) und sind somit nebenordnende Konjunktionen? Welche verbinden abhängige Teilsätze (z. B. Hauptsatz + Nebensatz) und sind somit unterordnende Konjunktionen?**

aber - als - dass - denn - entweder - indem - nachdem - oder - und - weil - wenn

nebenordnende Konjunktionen	unterordnende Konjunktionen

AUFGABE 4 **Wandle die Fragen in indirekte Fragesätze um. Schreibe in dein Übungsheft und achte auf die Zeichensetzung.**

1. Nele fragt: „Was gibt es heute zu essen? Wann ist das Essen fertig? Darf ich eine Freundin mitbringen?“
2. Anna möchte wissen: „Gehen wir bald mal wieder mit der ganzen Familie in den Zoo? Können wir dann auch Sophie mitnehmen?“
3. Ben erkundigt sich: „Wo findet denn unser nächstes Auswärtsspiel statt? Haben sich genug Eltern als Fahrer gefunden? Wann werden wir wieder zurück sein?“
4. Marie befragt ihre Mutter: „Wohin fahren wir im nächsten Sommerurlaub? Werden wir mit dem Auto oder mit dem Flugzeug reisen?“
5. Kim fragt: „Darf ich heute Abend noch ein bisschen fernsehen?“

AUFGABE 5 **Bilde Satzgefüge aus den vorgegebenen Satzreihen und bestimme die Art des Nebensatzes (Kausal-, Final-, Konsekutiv- oder Konzessivsatz). Achte auf die Zeichensetzung und die Wortstellung im Nebensatz! Schreibe in dein Übungsheft.**

Beispiel: Es regnet heute, ich gehe nicht ins Freibad. →
Ich gehe nicht ins Freibad, weil es heute regnet. (Kausalsatz)

1. Annika fährt gerne Ski, sie schlägt eine Klassenfahrt nach Österreich vor.
2. Unser Klassenlehrer hat nichts dagegen, er sagt aber, dass es nicht zu teuer werden darf.
3. Wir müssen rechtzeitig buchen, dann bekommen wir ein günstiges Ticket.
4. Wir könnten uns auch selbst verpflegen, die Kosten würden dann geringer.
5. Wir besprechen alles in der Klasse. Danach reden wir mit unseren Eltern.

KLASSENARBEIT 2

60 Minuten

AUFGABE 6 **Verbinde jeweils zwei Teilsätze miteinander, ohne sie zu verändern, und bestimme anschließend, ob es sich um ein Satzgefüge oder eine Satzreihe handelt. Benutze dein Übungsheft.**

Jonas geht in die Arbeitsgemeinschaft,	hätte sie sich im 5. Schuljahr noch nicht vorstellen können.
Dass Lea einmal so gut mit negativen Zahlen rechnen kann,	er möchte möglichst schnell mit seinem Freund Ole spielen.
Obwohl die Sportlehrerin am Fuß operiert worden ist,	sein Bruder isst in der Zeit zu Mittag.
Benedikt beeilt sich heute mit den Hausaufgaben,	entschied sie sich dann für Französisch.
Übermorgen müssen wir schon um 7.50 Uhr am Bahnhof sein,	weil sie unbedingt an der Orchesterprobe teilnehmen will.
Nachdem Jette Englisch als erste Fremdsprache gewählt hatte,	erteilt sie dennoch Sportunterricht in der 6c.
Sophie fährt morgen nicht mit ins Museum,	unser Zug fährt pünktlich um 8.00 Uhr ab.

TESTEN

AUFGABE 7 **Wandle die Satzreihen in Satzgefüge mit Relativsätzen um. Achte dabei auf die Zeichensetzung! Schreibe in dein Übungsheft.**

1. Sophie geht gerne zum Gitarrenunterricht. Sie übt vor allem Weihnachtslieder.
2. Alan fährt gerne mit seinem neuen Fahrrad. Es hat eine gute Gangschaltung mit 27 Gängen.
3. Benedikt freut sich auf das große Trampolin. Morgen wird es geliefert.
4. Unser neuer Mitschüler hat sich gleich gut eingelebt. Gestern ist er in unsere Klasse gekommen.
5. Viele Eltern erwarten von ihren Kindern gute Noten. Sie selbst hatten nicht immer Vorzeigezeugnisse.
6. Fynn geht mit seinen Freunden zum Bundesligaspiel. Es findet im Borussen-Stadion statt.
7. Einmal im Monat besuche ich das Spaßbad. Darin gibt es vier verschiedene Röhrenrutschen.

AUFGABE 8 **Wandle die folgenden Fragen in indirekte Fragen um. Achte dabei auf die Zeichensetzung!**

1. Pia fragt sich: „Sind wohl alle nach der Schule so müde wie ich?"

2. Lea möchte von ihren Eltern wissen: „Wann kommt ihr heute nach Hause?"

3. Liv fragt ihren Lehrer: „Soll ich als zweite Fremdsprache Spanisch wählen?"

4. Kevin erkundigt sich bei einem älteren Herrn: „Wo gibt's hier das nächste Schnellrestaurant?"

5. Niklas fragt bei der Hotline: „Gibt es noch Karten für das Bundesligaspiel?"

AUFGABE 9 **Hier stimmt was nicht! Streiche die falsche Konjunktion durch und ersetze sie durch eine sinnvolle. Schreibe die Lösung in dein Übungsheft.**

1. Jasmin bekommt von ihrer Mutter 5 €, obwohl sie sich etwas zu essen kaufen kann.
2. Lisa übt lange für den Mathetest, weil sie morgen eine gute Arbeit schreibt.
3. Weil Luca Hausaufgaben macht, hört er immer Musik.
4. Lennart kennt alle europäischen Vogelarten, obwohl er gerne Vogelbücher liest.
5. Lukas kippelt wieder mit dem Stuhl, damit er schon oft umgefallen ist.
6. Damit Lea ständig die Vokabeln wiederholt, bleiben sie ihr nicht im Gedächtnis.
7. Luisa lernt am besten, sodass sie anderen etwas erklärt.
8. Nachdem Leo abends zeitig ins Bett geht, ist er morgens viel aufmerksamer in der Schule.
9. Luis hat schon viel geübt, weil er kaum noch Zeichensetzungsfehler macht.
10. Damit es regnet, entfällt das Fest.

AUFGABE 10 **Bilde aus den folgenden Sätzen zuerst eine Satzreihe und dann ein Satzgefüge. Unterstreiche jeweils die eingefügte Konjunktion und die Personalform des Verbs.**

1. Leon fährt mit seiner Familie in die Bretagne. Sie wollten gerne einmal in Frankreich Urlaub machen.

   Satzreihe: Leon fährt mit seiner Familie in die Bretagne, denn sie wollten gerne einmal in Frankreich Urlaub machen.

   Satzgefüge: Leon fährt mit seiner Familie in die Bretagne, weil sie gerne einmal in Frankreich Urlaub machen wollten.

2. Lea nervt ihre größeren Geschwister oft während der Autofahrt. Manchmal gibt sie ihnen von ihren Kaugummis ab.

   Satzreihe: ______________________

   Satzgefüge: ______________________

3. Paula trägt am liebsten sportliche Freizeitkleidung. Alina macht sich gerne schick.

   Satzreihe: ______________________

   Satzgefüge: ______________________

4. Ole hat den 5000-Meter-Lauf gewonnen. Er hat sich so für die Stadtmeisterschaften qualifiziert.

   Satzreihe: ______________________

   Satzgefüge: ______________________

TESTEN

5 Berichten

5.1 Vollständige Informationen – die sieben W-Fragen

Berichten bedeutet, über einen Vorgang, ein Geschehen, eine Handlung sachlich und sprachlich klar und eindeutig zu informieren.	Augenzeugenbericht Zeitungsbericht
Um über einen Vorgang, ein Geschehen oder eine Handlung angemessen zu informieren, musst du die **sieben W-Fragen** beantworten: ■ **Was** ist geschehen? (1) ■ **Wer** war daran beteiligt? (2) ■ **Wo** hat es sich abgespielt? (3) ■ **Wann** hat es sich ereignet? (4) ■ **Wie** ist es abgelaufen? (5) ■ **Warum** ist es passiert? (6) ■ **Welche Folgen** hat es? (7)	*Augenzeugenbericht:* (1) Verkehrsunfall (2) Pkw- und Fahrradfahrer (3) Berliner Straße, auf dem Radweg (4) 17. Dezember, 9.30 Uhr (5) Rad und Pkw stießen zusammen (6) Pkw hatte den Radfahrer beim Einbiegen in eine Einfahrt übersehen (7) leichte Verletzungen des Radfahrers, geringer Sachschaden am Pkw
Die kürzeste informierende Darstellungsform ist die **Nachricht** oder **Meldung** (z. B. in Zeitungen oder im Fernsehen). Hier werden nur die wichtigsten Informationen vermittelt.	Leichte Verletzungen zog sich ein Radfahrer zu, der am Freitagmorgen mit einem Pkw zusammenstieß. Der Fahrer des Pkw hatte beim Einbiegen in eine Einfahrt den Radfahrer übersehen. Am Pkw entstand leichter Sachschaden.
Der **Bericht** dagegen liefert alle Informationen zu einem Geschehen. Er soll dazu dienen, dass sich jemand, der das Geschehen nicht miterlebt hat, ein genaues Bild von dem Vorgang machen kann.	Alter des Radfahrers – Geschwindigkeit des Pkw – Einzelheiten zu den Folgen des Unfalls
Ein **Hintergrundbericht** liefert außerdem wichtige Hintergrundinformationen zu einem Geschehen. Hier werden die Vorgeschichte und Gründe des Geschehens und seine Folgen detailliert dargestellt.	Radfahrer auf dem Weg zum Bahnhof – schnelles Rennrad – Unaufmerksamkeit des Pkw-Fahrers – parkende Fahrzeuge nahmen die Sicht

WISSEN

ÜBUNG 1 Was bedeutet *berichten?* Sortiere die Satzbausteine und schreibe den richtigen Satz in dein Übungsheft.

Berichten bedeutet, | ein Geschehen, | eindeutig zu informieren. | und sprachlich klar und | eine Handlung sachlich | über einen Vorgang,

ÜBUNG 2 Formuliere die sieben W-Fragen und ordne die folgenden Antworten richtig zu.

Angelina – mit großem Vorsprung – Sieg bei den Stadtmeisterschaften im Skateboardfahren – weil sie die größten Schwierigkeiten fast fehlerfrei bewältigen konnte – Teilnahme an der Kreismeisterschaft – am vergangenen Samstagnachmittag – auf dem Parcours an der Stadthalle

Frage	Antwort

ÜBUNG 3 Formuliere nun aus den Informationen einen kurzen Bericht über die Stadtmeisterschaften im Skateboardfahren. Schreibe in dein Übungsheft.

ÜBUNG 4 **Überprüfe die folgenden Kurzberichte. Auf welche der sieben W-Fragen geben sie Antwort, auf welche nicht?**

1. Tausende, zumeist jugendliche Zuhörerinnen und Zuhörer waren hellauf begeistert beim Konzert der „Sensationellen Sechs". Der Jugendband gelang es sehr schnell, die Stimmung sowohl mit alten Hits als auch mit neuen Titeln anzuheizen. Auch als das Konzert nach zweieinhalb Stunden zu Ende ging, war die Stimmung noch riesig.

Wer? ______________________

Was? ______________________

Wann? ______________________

Wo? ______________________

Wie? ______________________

Warum? ______________________

Welche Folgen? ______________________

2. Dem sympathischen Athleten gelang beim gestrigen Sportfest im Donaustadion ein großartiger Rekord. Mit einem tollen Schlussspurt ließ er das gesamte Feld hinter sich. Durch diese hervorragende Leistung hat er sich für die Europameisterschaften in Lissabon qualifiziert. Mehrere Wochen hatte er für diese Höchstleistung trainiert.

Wer? ______________________

Was? ______________________

Wann? ______________________

Wo? ______________________

Wie? ______________________

Warum? ______________________

Welche Folgen? ______________________

ÜBUNG 5 **Verbessere die Kurzberichte, indem du die fehlenden Informationen ergänzt. Schreibe die beiden Texte in dein Übungsheft.**

5.2 Informationen sinnvoll anordnen

WISSEN

Beim **Berichten** musst du die Informationen sinnvoll anordnen:	
In der **Einleitung** deines Berichts gibst du einen **knappen** Gesamtüberblick über das Ereignis und beantwortest kurz die Fragen: **Was? – Wer? – Wann? – Wo?**	Handballspiel – VfL Gummersbach gegen TBV Lemgo (Ergebnis 23 : 21) – Sonntag, 11. Januar – 16 Uhr – Köln-Arena
Im **Hauptteil** informierst du möglichst **genau** über den Verlauf des Geschehens und beleuchtest die Frage: **Wie?**	guter Start der Gummersbacher – Spielstand zur Halbzeit 15 : 8 – zweite Halbzeit: Leistungssteigerung des TBV, sogar Ausgleich zum 18 : 18
Im **Schlussteil** berichtest du über Gründe und Hintergründe des Ereignisses sowie über seine Folgen: **Warum?** – **Welche Folgen?**	starke Leistung des VfL, insbesondere in der ersten Halbzeit und in der Schlussphase – gute Chancenauswertung – Tabellenführung für die Gummersbacher
Die **Reihenfolge** der Informationen hängt von der Art und Absicht des Berichtes ab: Beim **Augenzeugenbericht** kommt es auf die genaue zeitliche Reihenfolge der Informationen an, die Anordnung ist also **chronologisch**.	Radfahrer fährt mit hoher Geschwindigkeit über den Radweg – Pkw fährt aus einer Einfahrt heraus – der Radfahrer fährt auf den rechten Kotflügel des Pkw auf
Beim **Zeitungsbericht** steht dagegen eher das am Anfang, was der Schreiber für das Wichtigste hält:	
■ Ist es besonders wichtig, wer in das Geschehen verwickelt war? (1)	(1) berühmte oder bekannte Persönlichkeiten
■ Ist der Ort, an dem sich das Geschehen abspielt, von besonderer Wichtigkeit? (2)	(2) eine Straßenkreuzung, an der sich schon häufiger Unfälle ereignet haben – eine Kirche, in der ein Rockkonzert stattfindet
■ Ist es für die Leserinnen und Leser besonders interessant, wann sich das Geschehen ereignet hat? (3)	(3) die dritte schwere Niederlage innerhalb einer Woche – ein Schwimmwettkampf im See am 1. Januar
■ Sind die Folgen des Geschehens besonders schwerwiegend? (4)	(4) Abstieg aus der Bundesliga – schwere Verletzungen – besonders hoher Sachschaden

ÜBUNG 6 Sortiere die folgenden Informationen: Welche gehören in die Einleitung, welche in den Hauptteil, welche in den Schlussteil eines Berichtes?

1 18. September, 20.17 Uhr

2 High-fly-Propellermaschine ABR-72

5 Verspätungen anderer Maschinen

6 Flugzeug rutscht von der schneebedeckten Landebahn

3 Frankfurter Flughafen

4 anschließend Sperrung der Landebahn

9 keine Verletzten

8 Beschädigung des Fahrwerks der Maschine

7 nach dem Aufsetzen

10 28 Passagiere

Einleitung: ______ **Hauptteil:** ______ **Schluss:** ______

WISSEN

Ein Text, der durch **Absätze** gegliedert ist, ist viel übersichtlicher als ein durchgehend geschriebener Text. Gewöhne dir deshalb schon bei relativ kurzen Texten an, die Einleitung, den Hauptteil und den Schluss durch Absätze voneinander zu trennen!

ÜBUNG 7 Gliedere die folgenden Kurzberichte, indem du Absätze einfügst.

Welpe lief um sein Leben

(hjr) Ein Welpe, der sich im westfälischen Hohenlimburg im achten Stock eines Hauses befunden hatte, in dessen Keller ein Brand ausgebrochen war, konnte sich durch einen beherzten Lauf durch das stark verrauchte Treppenhaus retten. Die Halterin des Hundes hatte zwei der Geschwister des Tieres in Sicherheit bringen können. Ein weiterer Gang in die Wohnung war ihr aber von den im Einsatz befindlichen Feuerwehrleuten aus Sicherheitsgründen verwehrt worden. Das Feuer konnte rechtzeitig gelöscht werden, es entstand nur geringer Sachschaden.

Diebe stehlen 1860 Tüten Süßwaren

(ai) Unbekannte haben aus der Kühlhalle einer Nahrungsmittelfirma in Kleve am Niederrhein 1860 Tüten mit Marzipankartoffeln gestohlen. Wie die Polizei mitteilte, waren die Diebe am helllichten Tag in das Lager eingedrungen. Nach den Angaben eines Firmensprechers ist damit zu rechnen, dass die Ware demnächst auf irgendeinem Marktplatz zum Sonderpreis angeboten wird. Selbst dann dürfte der Verkauf den Dieben mindestens 3500 € einbringen. In der Geschichte der seit fast hundert Jahren bestehenden Firma ist ein solcher Diebstahl noch nie passiert.

ÜBEN

ÜBUNG 8 **Hier sind die Informationen zu zwei verschiedenen Ereignissen durcheinandergeraten. Ordne sie in Stichpunkten richtig in die Tabelle ein.**

eine etwa 25-jährige Frau und ihr etwa 18-jähriger Komplize – Konzert der Boygroup „Route 55" – Schillerstraße – kein Bargeld in den Kassen – am Samstagabend – Einbruch in einen Supermarkt – sandfarbenes Sweatshirt, schwarze Jeans, helle Turnschuhe – 4800 begeisterte Jugendliche – zwei wertvolle Digitalkameras erbeutet – Höhepunkt der Stimmung ihr Riesenhit „Without You" – mit grünem Kombi geflüchtet – Traurigkeit, vor allem bei den vielen weiblichen Fans – Tür und alle Kassen aufgebrochen – zur Neueröffnung des völlig umgebauten Kaiserpalastes – Samstag, 14. Januar, gegen 19.40 Uhr – Gerüchte über die bevorstehende Auflösung der Band – dunkelgrünes Kapuzenshirt, stark verwaschene Bluejeans – alle eigenen Hits sowie Coverversionen von Uralt-Oldies

Diebe erbeuten wertvolle Digitalkameras	Riesenstimmung im Kaiserpalast

ÜBUNG 9 **Bringe nun die Informationen in eine sinnvolle Reihenfolge.**

ÜBUNG 10 **Formuliere die Informationen zu Kurzberichten aus. Benutze dazu dein Übungsheft.**

ÜBEN

ÜBUNG 11 **Bei Zeitungsberichten werden die weniger wichtigen Informationen immer an das Ende gesetzt. So können sie schnell gekürzt werden, wenn aktuell über weitere Ereignisse berichtet werden muss. Kürze die folgenden Berichte um insgesamt 26 Zeilen.**

Hannah Fridrichs mit persönlicher Bestleistung

(Meinerzhagen) Bei den gestrigen Leichtathletik-Stadtmeisterschaften konnte die talentierte Nachwuchsathletin Hannah Fridrichs die Weitsprungkonkurrenz mit großem Vorsprung für sich entscheiden. Im letzten Versuch des Finales kam sie zu einer neuen persönlichen Bestleistung von 5,38 m und ließ ihre größten Konkurrentinnen damit um mehr als einen halben Meter hinter sich. In den ersten drei Durchgängen hatte Fridrichs noch mit den widrigen Witterungsverhältnissen zu kämpfen gehabt und war deshalb nur auf eine Bestweite von für sie enttäuschenden 4,53 m gekommen, womit sie sich nur ganz knapp für die Finaldurchgänge qualifiziert hatte. Mit diesem Sieg qualifiziert sich Hannah Fridrichs für die Titelkämpfe auf Kreisebene, die in gut vierzehn Tagen in Lüdenscheid stattfinden.

Kantersieg für den VfB

(Halver) In Torlaune zeigten sich gestern die Spieler des VfB, die die zweite Mannschaft des Lokalrivalen mit 8:1 besiegen konnten. Mittelstürmer Daniel Frings eröffnete bereits in der dritten Spielminute den Torreigen. Bei seinem aus kurzer Torentfernung abgegebenen Volleyschuss war der gegnerische Torhüter ohne Abwehrchance. Erneut Frings (17./32.) sowie Yüksel (24.) und Gökay (42.) sorgten schon zur Halbzeit für eine beruhigende Führung. In der zweiten Spielhälfte schaltete die Elf von Trainer Schmoll einen Gang zurück, kam aber durch den eingewechselten Mager (58./72.) und erneut Gökay (84.) noch zu weiteren Treffern. Das Ehrentor resultierte aus einem Foulelfmeter, den Wenzel, der Torhüter der Gäste, sicher verwandeln konnte. „Die Leistungen meiner Mannschaft waren heute völlig indiskutabel, wir werden in dieser Woche noch einiges zu besprechen haben“, erklärte Friedhelm Schnell, der Trainer der TuS-Reserve nach dem Schlusspfiff. In der Tat scheint der Aufstieg für die mit großen Vorschusslorbeeren gestartete Mannschaft bereits jetzt in weite Ferne gerückt zu sein, während sich der Nachbarklub vom VfB völlig überraschend in der Spitzengruppe der Liga platzieren konnte.

Sportausschuss berät über neue Nutzungsordnung für die Dreifachturnhalle

(Kierspe) Angesichts der ständig steigenden Nachfrage nach Trainingsmöglichkeiten berät der Sportausschuss in seiner heutigen Sitzung über eine neue Nutzungsordnung für die Dreifachturnhalle. Im Gespräch sind nach Auskunft des Ausschussvorsitzenden Hermann Botzen sowohl eine Ausweitung der Öffnungszeiten als auch die Erhebung einer Nutzungsgebühr. Ein dringliches Anliegen sei es auch, eine Mindestanzahl von Sportlerinnen und Sportlern pro Trainingseinheit festzulegen, damit die Halle sinnvoll ausgelastet und nicht von Dreier- oder Vierergruppen pro Hallendrittel blockiert werde. Mit einer Entscheidung, so Botzen, sei in der heutigen Sitzung noch nicht zu rechnen, vielmehr sollten zunächst alle Beteiligten zu diesem Thema gehört werden. Alle Vereine seien zur Sportausschusssitzung eingeladen und aufgefordert, ihre eigenen Vorstellungen in die Diskussion einzubringen.

ÜBEN

5.3 Sachlich schreiben

Schreibe deinen Bericht in einer klaren, nüchternen und **sachlichen Sprache**. Deine Angaben sollten so genau wie möglich sein.	*Anstatt:* Der Radfahrer fuhr ~~wahnsinnig schnell~~. *Besser:* Der Radfahrer fuhr **mit einer Geschwindigkeit von etwa 25 km / h.**
Verzichte auf Ausschmückungen und Übertreibungen. Vermeide Wertungen und Kommentare.	Der Autofahrer ~~war völlig verzweifelt und~~ machte sich nach dem Unfall Vorwürfe, obwohl er ~~gar keine Schuld hatte, weil er~~ sich vorschriftsgemäß verhalten hatte.
Schreibe deinen Bericht im **Präteritum (Vergangenheit).**	Die Einbrecher **überfielen** den Kiosk an der Uerdinger Straße.
Benutze zur Darstellung der Vorgeschichte bzw. der Hintergründe das **Plusquamperfekt (Vorvergangenheit).**	Als Fluchtauto diente ihnen ein Kleinwagen, den sie zuvor im nahe gelegenen Wohngebiet **gestohlen hatten.**
Zur Angabe des gegenwärtigen Standes oder der Folgen des Geschehens verwendest du **Präsens (Gegenwart)** oder **Futur (Zukunft).**	Die Einbrecher **werden** zurzeit noch im Polizeipräsidium **verhört.** Gegen sie **wird** wohl ein Gerichtsverfahren **eingeleitet werden.**
Beachte bei deinem Bericht auch, **für wen** und **in welcher Absicht** du ihn schreibst (Adressatenbezug): ■ Welchen Zweck hat der Bericht? (1) ■ Was ist in Bezug auf die Sprache zu beachten? (2)	*Unfall- oder Augenzeugenbericht:* (1) Information für eine Behörde (Polizei, Gericht) oder eine Versicherung, damit diese eine Entscheidung treffen kann (z. B. Strafverfahren, Erstattung von Versicherungsleistungen) (2) grundlegende Fachbegriffe können vorausgesetzt und müssen daher nicht näher erläutert werden *Zeitungsbericht:* (1) Information für die Allgemeinheit (2) einfache Sprache, Fachbegriffe nur zurückhaltend gebrauchen bzw. zusätzlich erläutern

ÜBUNG 12 **Unterstreiche zunächst alle unklaren oder ungenauen Angaben im Text und ersetze sie dann durch folgende Formulierungen. Benutze dein Übungsheft.**

vierjähriger – am vergangenen Donnerstag – der Insel Fuerteventura – mit einem Reisebus – Reisegruppe – Grenzbeamten und der Passkontrolle – auf der Toilette – zwei Stunden – in Düsseldorf – deutschen Grenzschutzbeamten

Ein noch ziemlich kleiner Junge hat es vor ein paar Tagen geschafft, als blinder Passagier von irgendeiner spanischen Ferieninsel nach Deutschland zu gelangen. Zunächst war es ihm gelungen, irgendwie zum Flughafen der Insel zu fahren. Dort schloss er sich unbemerkt einer Gruppe an, und so gelang es ihm, sich an den uniformierten Männern vorbeizuschmuggeln. Weil er sich irgendwo versteckt gehalten hatte, wurde der Ausreißer erst eine lange, lange Zeit nach dem Start der Maschine entdeckt. Nachdem die Maschine auf dem Flughafen in der nordrhein-westfälischen Stadt gelandet war, wurde der kleine Ausreißer von irgendwelchen Beamten in Empfang genommen und in Begleitung einer Kinderpsychologin nach Hause zurückgeschickt.

ÜBUNG 13 **Streiche in dem folgenden Bericht alle Ausschmückungen und Übertreibungen sowie alle Wertungen und Kommentare.**

Am Donnerstagvormittag verunglückte der elfjährige Schüler Timon S. während des Schwimmunterrichts im Hallenbad Ottobrunn, weil er wie immer sehr unvorsichtig gewesen war. Nach dem Umkleiden hatte sich die Klasse des sehr albernen Jungen in der wegen einer Schwimmbad-Karnevalsparty bunt geschmückten Halle neben dem großen und mit Kunststoffblumen geschmückten Schwimmbecken versammelt und wartete auf ihren Sportlehrer, der sich wie immer sehr viel Zeit ließ. Timon, der es mal wieder allen zeigen wollte und vor allem den Mädchen in seiner Klasse imponieren wollte, sprang trotz eines ausdrücklichen Verbots des Lehrers in das nur etwa einen Meter tiefe Wasser. Dabei schlug er vermutlich mit voller Wucht auf den Boden des Beckens auf und verlor das Bewusstsein. Als seine Klassenkameraden bemerkten, dass sich ihr bei allen in der Klasse beliebter Mitschüler nicht mehr bewegte, sprangen einige von ihnen in großer Panik in das Wasser und holten ihn heraus. Viele der anderen waren so entsetzt, dass sie sich zunächst gar nicht bewegen konnten. Nach einer kurzen Behandlung durch den Bademeister, der wie immer die Ruhe in Person war, kam Timon wieder zu Bewusstsein. Er klagte aber über unheimlich große Kopfschmerzen und wurde zur Beobachtung in das nächstgelegene Krankenhaus eingeliefert.

ÜBUNG 14 **Setze im folgenden Zeitungsbericht die Verben in den richtigen Zeitformen ein.**

Reisebus in Flammen

In der Nacht zum gestrigen Donnerstag __________________ auf der A 9 bei Gefrees (Oberfranken) ein Berliner Reisebus __________ (ausbrennen).

Die 27 Passagiere ______________ mit dem Schrecken ____________ (davonkommen).

Der Bus ____________ auf dem Weg von der Schweiz nach Berlin (sein).

Kurz nach Mitternacht ______________ der Fahrer nahe der Ausfahrt Gefrees Rauch (bemerken), er ____________ (stoppen) und __________ die Fahrgäste aussteigen (lassen). Dann ______________ er zusehen (müssen), wie der ganze Bus in Flammen ______________ (aufgehen).

Es ______________________ eine so starke Hitze (sich entwickeln), dass die Fahrbahndecke der Brücke ____________ (schmelzen).

Es ________________ ein Sachschaden von über 180 000 € (entstehen).

ÜBUNG 15 **Tamara Grühn erzählt ihrer Mutter von der Leistung ihrer Sprintstaffel bei den Leichtathletik-Schulmeisterschaften. Schreibe daraus einen Zeitungsbericht, indem du die Informationen in eine sinnvolle Reihenfolge bringst, sachlich formulierst und den Text ins Präteritum (bei Vorzeitigkeit Plusquamperfekt) setzt. Benutze dein Übungsheft.**

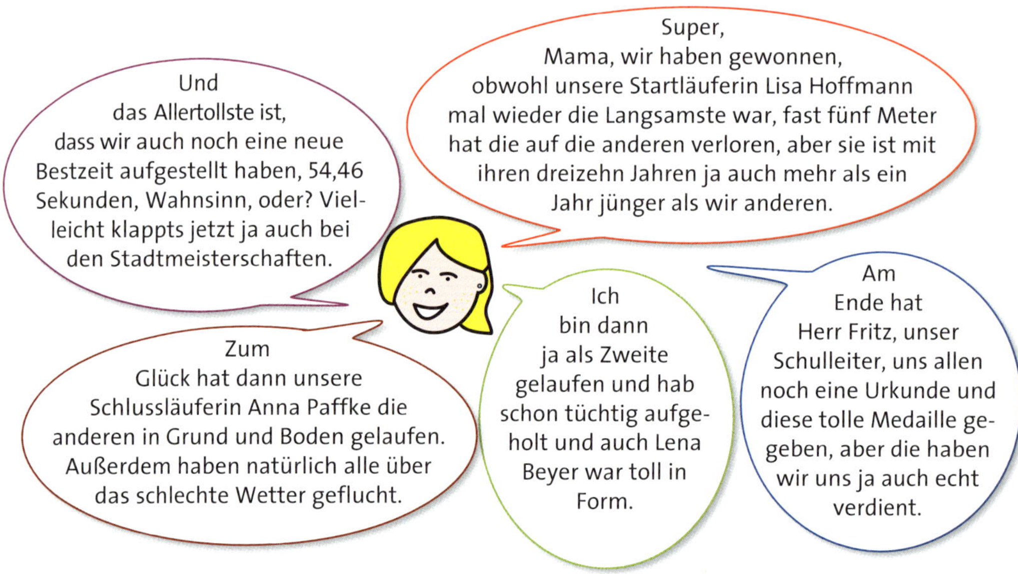

KLASSENARBEIT 1

50 Minuten

AUFGABE 1 **Ordne die folgenden Begriffe den unterschiedlichen Textarten zu.**

anschaulich – Einleitung – Hauptteil – Information – keine Wertung – klar – ~~lebendig~~ – Präteritum – Plusquamperfekt – sachlich – spannend – Schluss – ~~Unterhaltung~~

Text	Erzählung	Bericht
Absicht	Unterhaltung	
Aufbau		
Sprachliche Gestaltung	lebendig	
Zeitform	Grundform:	
	zeitlich weiter zurückliegende Ereignisse (Vorzeitigkeit):	

AUFGABE 2 **Überprüfe, ob im folgenden Bericht die sieben W-Fragen beantwortet sind. Schreibe zuerst die Fragen und dann die Antworten in dein Übungsheft.**

Motorradfahrer leicht verletzt
Am Donnerstagvormittag um 9.30 Uhr kam es zu einem Verkehrsunfall. Ein 22-jähriger Motorradfahrer war mit seinem Fahrzeug bei leicht überhöhter Geschwindigkeit auf regennasser Fahrbahn ins Schleudern geraten und auf die Gegenfahrbahn gerutscht. Die Fahrerin des entgegenkommenden Pkw konnte zum Glück noch rechtzeitig bremsen, sodass der Motorradfahrer nur leicht verletzt wurde. Er wurde zur Beobachtung ins St.-Johannes-Krankenhaus eingeliefert und konnte schon am frühen Nachmittag wieder entlassen werden.

TESTEN

AUFGABE 3 **Verbessere in den folgenden Sätzen die rot hervorgehobenen Wendungen. Schreibe in dein Übungsheft.**

1. Am Samstag hat in der Jahnhalle ein Basketballspiel zwischen den Giants und den Mavericks stattgefunden.
2. Von Anfang an spielten beide Mannschaften wie von einem anderen Stern.
3. Die Giants legten los wie der Blitz und gingen nach einem Dreierwurf von John Meyer schon nach sieben Minuten mit 12 : 6 in Führung.
4. Aber das haben die Mavericks sich nicht gefallen lassen, durch besonderen läuferischen Einsatz und ein kluges Kombinationsspiel gelang ihnen schon bald der Ausgleich.
5. Eine absolut überirdische Leistung zeigte Ji Lan Hu, der Center der Mavericks.
6. Am Ende siegten die Mavericks knapp mit 89 : 87, dabei hatten sie aber unheimlich viel Glück gehabt, weil das Spiel sehr ausgeglichen war.

AUFGABE 4 **Vier Mädchen erzählen von einem nächtlichen Vorfall. Schreibe zuerst alle Sachinformationen in die rechten Zeilen auf der gegenüberliegenden Seite. Bringe dann die Informationen durch Nummerierung (links daneben) in eine sinnvolle Reihenfolge.**

Die Klasse 6 der Erich-Kästner-Realschule verbringt ihre Klassenfahrt im Jugendgästehaus. Frau Froehlingsdorf, die Klassenlehrerin, schläft noch, als vier Mädchen morgens um 7 Uhr an ihre Tür klopfen und dann aufgeregt ins Zimmer kommen:

Anna: Frau Froehlingsdorf! Heute Nacht! Sie glauben nicht, was wir da erlebt haben!

Lena: Ich hätte auch nie gedacht, dass so etwas passiert. Ich habe tief geschlafen, als ich plötzlich Talibe schreien hörte.

Talibe: Wenn du hörst, wie jemand langsam die Klinke herunterdrückt, und dann siehst, wie jemand mit einer Taschenlampe durch den Raum leuchtet, dann möchte ich dich mal hören! Erst dachte ich, es sei einer von den Jungen, der uns erschrecken wollte. Aber als dann eine vermummte Person, ungefähr so groß wie mein Vater, das Zimmer betrat und zielstrebig auf die Schränke zuging, da musste ich ihn doch irgendwie davon abhalten.

Sarah: Das war genau richtig. Dein Geschrei hat seinen Zweck erfüllt. Der Dieb ist sofort aus dem Zimmer gerannt. Und zwar bevor er etwas stehlen konnte.

Anna: Ich bin sofort aus dem Bett gesprungen und habe auf dem Flur nachgesehen, wo er hinrennt. Er ist durch das Treppenhaus nach unten gerannt.

Lena: Ich bin auch auf den Flur gerannt und konnte erkennen, dass die Person eine schwarze kurze Daunenjacke trug.

Anna: Ich schätze, dass die Person 1,80 m groß war. Außerdem trug sie eine rotschwarz gestreifte Mütze.

Talibe: Ich habe sofort auf meinen Wecker geschaut: Es war 5.30 Uhr. Schade, dass wir den Typen nicht erwischt haben.

Frau Froehlingsdorf: Stopp! Geht jetzt bitte wieder in euer Zimmer zurück. Ich schreibe noch schnell einen Bericht für die Hausverwaltung.

AUFGABE 5 **Schreibe nun den Bericht der Lehrerin über den nächtlichen Vorfall in dein Übungsheft. Überprüfe den Text am Ende noch einmal: Sind die Informationen sinnvoll geordnet? Sind die Ausführungen klar und sachlich? Hast du die richtigen Zeitformen (Präteritum / Plusquamperfekt) gewählt?**

6 Argumentieren

6.1 Sich eine Meinung bilden

In vielen Situationen musst du dich für eine von mehreren Möglichkeiten entscheiden und je älter du wirst, desto mehr wirst du – hoffentlich – nach deiner Meinung gefragt. Deshalb ist es notwendig, dass du lernst, wie du dir selbst eine **Meinung bilden** und diese **wirkungsvoll vertreten** kannst.	Wer soll Klassensprecherin oder Klassensprecher werden? Soll ich eine zweite Fremdsprache wählen? Welche? Soll ich mit Freunden in eine Jugendfreizeit fahren oder mit meinen Eltern in den Familienurlaub? Wohin soll die nächste Klassenfahrt gehen?
Damit du dir eine eigene Meinung bilden und mitreden kannst, sammle zuerst **Informationen** ■ über Tatsachen und allgemein anerkannte Grundsätze und Regeln (1), ■ durch eigene Beobachtungen und Erfahrungen (2), ■ durch Befragung von Fachleuten (Experten) und die Auswertung schriftlicher Informationen (3), ■ durch Befragung von Betroffenen (4).	(1) Ein Klassensprecher muss sich für die Interessen aller Schülerinnen und Schüler seiner Klasse einsetzen. (2) Johanna hat sich im letzten Schuljahr sehr um diejenigen gekümmert, die neu in unsere Klasse gekommen sind. (3) Was genau kann der Klassensprecher tun, an welchen Stellen kann und soll er mitreden? Was steht hierzu in der Schulordnung? (4) Welche Vorstellungen haben die Kandidatinnen und Kandidaten vom Amt des Klassensprechers? Welche Erfahrung hat Tim, der im letzten Jahr Klassensprecher war, gemacht?
Wenn du dir mithilfe der Materialien klar gemacht hast, worum es geht, kannst du deine Meinung als **These formulieren,** je nach Ausgangsfrage als ■ eine bloße Behauptung (1), ■ eine Empfehlung (2), ■ eine kurz begründete Bewertung (3).	(1) Johanna wird die Aufgaben einer Klassensprecherin mit Sicherheit sehr gut meistern. (2) Ich schlage vor, Johanna zur Klassensprecherin zu wählen. (3) Von allen, die sich um das Amt des Klassensprechers beworben haben, ist Johanna die Beste, weil sie immer deutlich ihre Meinung sagt.

ÜBUNG 1 **Ordne die Aussagen richtig zu und verbinde mit Linien.**

1. Pia geht, das hat ihre Mutter gesagt, viel liebevoller mit anderen Tieren um, seitdem sie ein Meerschweinchen hat.

2. Die Versorgung eines Haustiers ist für Kinder eine gute Möglichkeit, verantwortliches Handeln einzuüben.

3. Die Haltung eines Meerschweinchens ist nach Auskunft meiner Biologielehrerin nicht sehr aufwendig, denn es genügt ein offener, geräumiger Käfig.

4. Als wir letztes Jahr ein Haustier bekamen, habe ich eine viel bessere Note in Biologie bekommen.

- Tatsache / allgemeiner Grundsatz
- eigene Beobachtung und Erfahrung
- Expertenmeinung
- Meinung von Betroffenen

ÜBUNG 2 **Formuliere zu den folgenden Aussagen die passenden Thesen.**

1. **Ausfall bzw. Kürzung des Sportunterrichts**
Untersuchungen haben ergeben, dass körperliche Fitness auch für die Leistungen in anderen Bereichen förderlich ist.
Viele Kinder haben Übergewicht, das liegt zum Teil auch daran, dass sie sich viel zu wenig sportlich betätigen.
Simon (Schüler): „Der Sportunterricht macht mir immer besonders viel Spaß!"
Herr Schmoll (Sportlehrer): „Der Sportunterricht ist auch für das soziale Miteinander in der Klasse sehr wichtig!"

These: ______________________________

2. **Abschaffung von Hausaufgaben**
Jana (Schülerin): „Die meisten Hausaufgaben werden sowieso von den Eltern oder größeren Geschwistern gemacht oder einfach abgeschrieben."
Frau Merten (Lehrerin): „Vieles, was im Unterricht erarbeitet wird, muss von den einzelnen Schülerinnen und Schülern noch gründlich eingeübt werden, dazu sind Hausaufgaben unverzichtbar."
Eine Studie hat ergeben, dass Schülerinnen und Schüler, die ihre Hausaufgaben regelmäßig und gewissenhaft anfertigen, auch in den Klassenarbeiten bessere Noten bekommen.
Professor Marx (Wissenschaftler): „Hausaufgaben sind eine gute Möglichkeit, die selbstständige Organisation von Lernprozessen einzuüben."

These: ______________________________

3. Klassenfahrt in ein Selbstverpflegerhaus

Die Schülerinnen und Schüler können eine Menge lernen, wenn sie sich selbstständig um ihre Verpflegung kümmern müssen: preis- und umweltbewusstes Einkaufen der Waren, Zubereitung der Speisen usw.

Die Zeit, die für die Vorbereitung und Zubereitung der Mahlzeiten eingesetzt wird, geht für andere Klassenaktivitäten verloren.

Pia (Schülerin): „Prima, wenn wir selbst kochen, können wir immer das machen, was uns wirklich schmeckt! Außerdem können wir auf die Wünsche Einzelner besser eingehen!"

Das gemeinsame Vorbereiten und Zubereiten der Mahlzeiten muss gründlich miteinander geplant werden, es kann zum besseren Miteinander in der Klasse beitragen.

These: ______________________________

ÜBUNG 3 **Formuliere die folgenden Thesen um. Denke daran, dass du bei der Bewertung auf jeden Fall eine kurze Begründung geben musst.**

Behauptung: Die Donuts von Bäcker Müller sind die besten!
Empfehlung: Kauft die Donuts von Bäcker Müller!
Bewertung: Die Donuts von Bäcker Müller sind sehr locker gebacken und nicht so süß wie die von anderen Herstellern.

1. **Behauptung:** Die Fußballmannschaft der Klasse 7d wird bei den städtischen Schulmeisterschaften großen Erfolg haben.

   Empfehlung: ______________________________

   Bewertung: ______________________________

   ____

2. **Bewertung:** In Schulen, in denen der Pausengong abgeschafft wurde, herrscht ein wesentlich entspannteres Arbeitsklima als in anderen Schulen.

   Behauptung: ______________________________

   Empfehlung: ______________________________

3. **Empfehlung:** Das Ziel eurer Klassenfahrt sollte eine Jugendherberge im Schwarzwald sein.

   Behauptung: ______________________________

   Bewertung: ______________________________

   ____

ÜBEN

6.2 Argumente finden und einsetzen

Wenn unterschiedliche Meinungen aufeinanderstoßen, musst du deine eigene Meinung gut begründen. Dabei helfen dir die Informationen, die du vorher erarbeitet hast. Sie können dir in Diskussionen als **Argumente** dienen, mit denen du auch andere überzeugen kannst.	An unserer Schule muss unbedingt eine Cafeteria eingerichtet werden, **damit wir uns in den Pausen frische Brötchen und Getränke kaufen können.** Ich bin gegen die Einrichtung einer Cafeteria, **weil nicht klar ist, wie diese organisiert werden soll und wer die zusätzliche Arbeit leisten soll.**
Eine allgemein als richtig angesehene Tatsache oder Regel sowie die Meinung von anerkannten Fachleuten (Experten) gilt als ein sehr starkes Argument.	Eine gesunde Ernährung ist für die Entwicklung von Kindern und Jugendlichen besonders wichtig. Prof. Scholl: „Eine Studie hat ergeben, dass ein gesundes Frühstück für die Leistungsfähigkeit eine große Bedeutung hat.“
Weniger überzeugungsstark ist ein Argument, das sich im Wesentlichen nur auf deine eigenen Beobachtungen oder Erfahrungen bzw. auf die Meinung einer einzelnen anderen Person bezieht.	Tim war bisher auf einer Schule, an der es eine Cafeteria gab, er sagt, dass das dort ganz toll organisiert war.
Wenn du dir deine Meinung gebildet hast, musst du sie in einer Diskussion überzeugend vertreten können. Zunächst solltest du dazu deine **These klar formulieren** und mit einem **starken Argument** begründen (Eingangsstatement).	Ein gesundes und ausgewogenes Frühstück ist sehr wichtig, daher befürworte ich die Einrichtung einer Cafeteria an unserer Schule, sodass sich die Kinder und Jugendlichen in den Pausen frische und gesunde Speisen kaufen können.
Es gibt immer **Pro** und **Kontra** (Für und Wider). Bereite dich also darauf vor, im Verlauf der Diskussion auf **Gegenargumente** reagieren zu müssen. Was könnten die anderen gegen deine Meinung anführen?	Jeder kann sich doch sein Frühstück von zu Hause mitbringen. Für eine Cafeteria gibt es in unserer Schule keinen Platz. Wer soll denn die Verantwortung dafür übernehmen, dass die Cafeteria ordentlich geführt wird?
Tipp: Merke dir mindestens ein starkes Argument für das Ende der Diskussion vor.	Die Schülerinnen und Schüler könnten bei der Organisation der Cafeteria mithelfen. So lernen sie auch etwas über die verkauften Waren und ihre Preise.

ÜBUNG 4 **Jule möchte gerne einen Hund haben, ihre Mutter ist jedoch dagegen. Welche Argumente führt Jule an, welche ihre Mutter? Kreuze an.**

1. Ich habe schon lange den Wunsch, einen Hund zu bekommen. ☐ ☐
2. Ich bin mir nicht sicher, ob du weißt, welche Folgen es hat, ein Haustier zu haben. ☐ ☐
3. Meine Freundinnen haben auch alle einen Hund. ☐ ☐
4. Du bist allein für den Hund verantwortlich und musst dich um ihn kümmern. ☐ ☐
5. So komme ich regelmäßig an die frische Luft. ☐ ☐
6. Ein Hund muss auch morgens vor der Schule ausgeführt werden. ☐ ☐
7. Ein Hund kostet Steuern. ☐ ☐
8. Man kann einen Hund nicht überallhin mitnehmen. ☐ ☐
9. Es gibt viele Hotels, in die man Hunde mitnehmen darf. ☐ ☐
10. Oma und Opa versorgen den Hund gerne, wenn wir nicht da sind. ☐ ☐
11. Man lernt beim Ausführen viele nette Leute kennen. ☐ ☐
12. Die Tierarztkosten bezahle ich von meinem Taschengeld. ☐ ☐

ÜBUNG 5 **Ordne den Argumenten auf der linken Seite die passenden Gegenargumente zu, indem du sie mit Linien verbindest.**

1. Das Flugzeug ist das schnellste Verkehrsmittel.
2. Ein Sonnenbad ist gut für den Körper und die Seele des Menschen.
3. Vollkornbrot ist sehr gesund.
4. Bei Hallenfußballturnieren wird häufig technisch sehr guter Fußball geboten.

Pommes schmecken aber besser.

Die Verletzungsgefahr beim Hallenfußball ist aber sehr groß.

Die Eisenbahn ist aber wesentlich umweltfreundlicher.

Man muss aber auch die Gefahren durch zu intensive Sonneneinstrahlung beachten.

WISSEN

Eine gute **Diskussion** lebt davon, **dass man den Gesprächspartner ernst nimmt** und sich auf seine Meinung und seine Argumente einlässt. Dazu gehört auch, dass man sorgfältig zuhört, den anderen zu verstehen versucht und bei Verständnisschwierigkeiten nachfragt.

ÜBUNG 6 **Wandle die Aussagesätze des Gesprächspartners in Fragen um, mit denen du sicherstellen kannst, dass du dein Gegenüber richtig verstanden hast (z. B.: Meinst du also, dass ...?). Versuche dabei, die Fragen mit deinen eigenen Worten zu formulieren. Schreibe in dein Übungsheft.**

1. Die Proben des Schulchors bringen mir viel Spaß, und die Auftritte sind meistens sehr aufregend.
2. Katharina ist die Beste als Klassensprecherin, weil sie sich immer für die anderen aus der Klasse einsetzt.
3. Ich möchte gerne in ein Haus, in dem wir selbst kochen müssen, weil mir das Essen in Jugendherbergen meistens nicht schmeckt.
4. Ich möchte lieber eine Stunde mehr Unterricht haben und dafür keine Hausaufgaben mehr aufbekommen.
5. Klassenarbeiten sollten abgeschafft werden, weil viele Schülerinnen und Schüler durch sie sehr unter Leistungsdruck geraten.

ÜBUNG 7 **Laura möchte ihre Freundin Lena davon überzeugen, in den nächsten Sommerferien gemeinsam an einer Jugendfreizeit teilzunehmen. Sie schreibt ihr eine E-Mail. Welche Argumente bringt Laura darin vor? Unterstreiche sie.**

Liebe Lena,
für mich ist es überhaupt keine Frage, dass ich im Sommer wieder an der Jugendfreizeit teilnehme. Denn der Zeltplatz, auf dem wir immer sind, liegt an einem wunderschönen See. Das Beste aber ist, dass wir in großen Zelten mit Holzböden schlafen, das hat im letzten Jahr allen sehr gut gefallen. Außerdem ist ein solches Zeltlager wirklich gut, um Gemeinschaft zu erleben. Und die Betreuerinnen und Betreuer bringen uns sogar noch das Kochen bei. Meine Mutter will unbedingt, dass ich wieder mitfahre. Sie meint, dass ich beim Zeltlager im letzten Jahr eine Menge gelernt habe. Ich würde mich riesig freuen, wenn Du auch dabei wärst, denn das würde uns beiden bestimmt noch mehr Spaß bringen.

Herzliche Grüße
Deine Laura

ÜBUNG 8 **Lena findet zu jedem Argument ein gutes Gegenargument, sie hat sich Stichwörter gemacht. Schreibe aus diesen Stichwörtern im Wortspeicher die Antwortmail. Benutze dazu dein Übungsheft.**

drei Wochen Urlaub mit meinen Eltern – Flugreise in den Süden – schöne Hotelanlage – Programm für Jugendliche – abends Disco – eigenes Hotelzimmer – Kennenlernen netter Jugendlicher – Hotelrestaurant – Sehenswürdigkeiten

WISSEN

Unabhängig davon, ob du an einer mündlichen Diskussion teilnimmst oder eine schriftliche Erörterung verfassen musst, solltest du dich um eine **abwechslungsreiche Einleitung** deiner Beiträge bemühen.
Mit einer solchen Einleitung gewinnst du das Interesse der Zuhörer oder des Lesers.

Meine Meinung dazu ist, dass ...
Besonders wichtig ist mir, dass ...
Ich möchte betonen, dass ...
Ich bin der Meinung, dass ...
Wichtig ist außerdem, dass ...
Ein weiteres Argument ist ...
Außerdem sollte man nicht vergessen, dass ...
Hast du schon einmal darüber nachgedacht, dass ...
Für meine Meinung spricht auch, dass ...

ÜBEN

ÜBUNG 9 **Nina und Emma unterhalten sich über das Ziel der nächsten Klassenfahrt. Emma hat den Prospekt von einem Reiterhof im Schwarzwald gelesen. Sie möchte Nina, die sich über eine Jugendherberge im Wattenmeer informiert hat, von diesem Ziel überzeugen. Schreibe den Dialog zwischen Nina und Emma in dein Übungsheft.**

Schwarzwald:
- leichte Bergwanderungen
- Jugendherberge am See
- jeden Abend Disco
- Bootsfahrt auf dem See
- Sommerrodelbahn
- Kanufahrten
- Grillen am Ufer

Wattenmeer:
- Wattwanderungen
- Seerobbenaufzuchtstation
- neu errichtete Jugendherberge mit Schwimmbad
- Schiffsfahrt zu den vorgelagerten Inseln
- Angelfahrt
- Anreise mit der Bahn

6.3 Eine Meinung schriftlich äußern

Deine Meinung zu einer Sachfrage kannst du nicht nur in einer Diskussion vertreten, sondern auch schriftlich äußern, z. B. mit einem **Brief.**	Sich beim Bürgermeister dafür einsetzen, dass eine Skateranlage gebaut wird. – Autofahrer zur Rücksicht im Straßenverkehr auffordern.
Jeder Brief trägt oben den Namen und die Adresse des **Absenders** sowie das **Datum**, an dem er geschrieben wurde.	Pia Kohl 17. Mai 2016 Lindenstraße 3 17506 Vargatz
Damit der Adressat (Empfänger) des Briefes gleich weiß, worum es geht, stellst du dem eigentlichen Brief eine kurze **Themenformulierung** voran (Betreff).	Bau einer Skateranlage in Dahle
Danach folgt die höfliche **Anrede** des Adressaten. Denke daran, dass du die höflichen Anredepronomen immer großschreiben musst. Die vertraulichen Anredepronomen „du“ und „ihr“ sowie die entsprechenden Possessivpronomen kannst du groß- oder kleinschreiben.	Sehr geehrter Herr Dr. Holzbein, wir, die Schülerinnen und Schüler der Klasse 6 d der Schirrmann-Schule, sind der Meinung, dass die Freizeitmöglichkeiten für Jugendliche in unserer Stadt nicht besonders gut sind. Daher möchten wir uns für den Bau einer Skateranlage einsetzen ...
Formuliere dein **Anliegen** klar und begründe es gut.	
Den Brief beendest du mit einer **Grußformel** und deiner **Unterschrift**.	Mit freundlichen Grüßen Pia Kohl
Wenn du dich über etwas ärgerst, was in deiner Stadt nicht in Ordnung ist, kannst du auch einen **Leserbrief an die Lokalzeitung** schreiben. Diese wird ihn, wenn sie ihn für wichtig genug hält, veröffentlichen und so deine Meinung einer großen Zahl von Menschen bekannt machen. Vielleicht kann dein Brief dadurch auch zur Lösung des Problems beitragen. *Tipp:* Bemühe dich auch in deinem Leserbrief darum, deutlich zu sagen, worum es geht, und äußere deine Meinung klar und gut begründet.	Zustand der Sportanlagen in unserer Stadt Sehr geehrte Damen und Herren, wir, die Schülerinnen und Schüler der Klasse 6 d, müssen schon seit mehr als vier Monaten auf unseren Sportunterricht verzichten, weil die Turnhalle an der Brehmstraße noch immer nicht renoviert worden ist. Wir finden das nicht fair. Weil der Bürgermeister den Brief, den wir an ihn geschickt haben, nicht beantwortet hat, wenden wir uns mit unserem Anliegen jetzt an Sie und an die Öffentlichkeit ...

ÜBUNG 10 **Setze in beiden Briefen die richtigen Anredepronomen ein. Achte auf Groß- und Kleinschreibung!**

Sehr geehrte Frau Dr. Bingemann,
wie ___hnen vielleicht bekannt ist, kommen die Busse der Linie 58 häufig zu spät. Dadurch verpassen viele Schüler dann den Anschlussbus, der sie direkt zu ihrer Schule bringt. Wenn ___ie als Schülerin auch auf öffentliche Verkehrsmittel angewiesen waren, dann wissen ___ie sicherlich, wie unangenehm es ist, wenn man morgens in der Kälte auf den Bus warten muss. Können ___ie sich bei den Verkehrsbetrieben dafür einsetzen, dass die Busse pünktlicher kommen?
Mit freundlichen Grüßen
Schülervertretung Albert-Einstein-Gesamtschule

Liebe Schülervertreterinnen und Schülervertreter,
herzlichen Dank für ___uren Brief. Es ist gut, dass ___hr mich auf dieses Problem aufmerksam gemacht habt. In der Tat bin auch ich, wie ___hr, immer mit dem Bus zur Schule gefahren und kann ___uren Ärger daher gut verstehen. Ich werde mich noch heute an den zuständigen Mitarbeiter der Verkehrsbetriebe wenden und ihm ___uer Anliegen vortragen. Ich hoffe mit ___uch, dass dieser Missstand bald abgestellt werden kann.
Mit freundlichen Grüßen
Bingemann, Bürgermeisterin

ÜBUNG 11 **Ergänze den ersten Satz der Briefe zu den folgenden Themen.**

1. Häufige Verspätung des Schulbusses:
   Ich bin verärgert darüber, dass ______________________.
2. Gedränge im Treppenhaus der Schule zum Ende der Pause:
   Wir fordern die älteren Schülerinnen und Schüler dazu auf, ______________________
   ______________________.
3. Überforderung der Schülerinnen und Schüler durch zu viele Hausaufgaben:
   Ich finde, dass ______________________.

ÜBUNG 12 **Der folgende Brief an die Schuldirektorin ist an einigen Stellen ziemlich umständlich formuliert. Streiche alle unnötigen Wendungen.**

Liebe Frau Bienemann,
heute möchte ich mich zu der Frage äußern, ob in unserer Schule ein Pausenladen, oder man könnte auch Schülerbüdchen sagen, eröffnet werden soll.
Ich bin der Meinung – genauso wie meine Freundin Annika –, dass ein Pausenladen für viele Schülerinnen und Schüler eine gute Möglichkeit bietet, sich günstig etwas zu kaufen.
Manchmal lassen die Schülerinnen und Schüler ihre Brote daheim auf dem Küchentisch, auf der Arbeitsplatte oder an der Garderobe liegen und müssen den ganzen Vormittag hungern. Schlimm ist es aber auch, wenn man Durst hat und sich in den Stunden nach kühlen, erfrischenden und belebenden Getränken sehnt und nur noch an Wasser, Milch oder Saft denkt.
Natürlich weiß ich auch, dass wir erst einen geeigneten Raum dafür finden müssen. Als Raum für den neuen Laden würde sich der Raum vorne links, neben dem Hausmeisterraum und gegenüber von dem Abstellraum und schräg gegenüber dem Chemieraum anbieten.
Hoffentlich haben meine überzeugenden Argumente Sie überzeugt, sodass wir schon zum nächsten Schuljahr einen Pausenladen bekommen.
Mit freundlichen Grüßen
Tim Krümel

ÜBUNG 13 **Formuliere einen Brief an die Vorsitzende des Fördervereins, der einen Zuschuss zur Klassenfahrt geben soll. Verwende dabei die folgenden Informationen als Argumente. Schreibe in dein Übungsheft.**

- Zuschuss zu einer Klassenfahrt in die erste Jugendherberge der Welt, die sich auf Burg Altena in Westfalen befindet
- Fahrtkosten können nicht von allen Schülerinnen und Schülern getragen werden
- Anfahrt mit der Bahn, Auswahl der günstigsten Reisemöglichkeit
- gute Ergänzung zum Geschichtsunterricht: Situation der Jugendlichen vor 100 Jahren
- Wandermöglichkeiten in der Nähe der Burg, Naturerlebnis für die Schüler aus der Stadt
- Informationen über die Entstehung und die Geschichte der Jugendherberge sowie der Burg

KLASSENARBEIT 1

45 Minuten

AUFGABE 1 **Formuliere aus den Bausteinen jeweils ein überzeugendes Statement zur Eröffnung einer Diskussion. Benutze dazu dein Übungsheft.**

1. **Einrichtung eines Schulgartens:** Ergänzung zum Biologieunterricht – das Wachsen der Pflanzen selbst beobachten – Verantwortung übernehmen
2. **Radtour auf dem nächsten Klassenausflug:** gutes Radwegenetz – gutes Wetter im Mai – Ablegung der Fahrradprüfung im letzten Schuljahr
3. **Aufstellen eines Computers im Klassenraum:** ungehinderter Zugang zu Informationen, vernünftiger Umgang der Schülerinnen und Schüler mit diesem Medium – Nutzung nur unter Aufsicht der Lehrerinnen und Lehrer
4. **Schülerdisco zu Karneval:** Stärkung der Gemeinschaft der Klassen untereinander – Aufsicht durch Lehrer – Gewinn in die Schülerkasse
5. **Verlegung einer Klassenarbeit von morgen in die nächste Woche:** ausreichend Zeit zum Üben – bereits zwei geschriebene Arbeiten diese Woche – Geburtstagsparty einer Mitschülerin

AUFGABE 2 **Schwimmbadbesuch oder Radtour? Suche zu den folgenden Argumenten passende Gegenargumente.**

1. Das Schwimmbad ist schneller zu erreichen. ____________________

____

2. Bei der Radtour können wir viel sehen. ____________________

____

3. Eine Radtour ist zu anstrengend. ____________________

____

4. Das Schwimmbad ist bestimmt sehr voll. ____________________

____

5. Mein Fahrrad hat einen Platten. ____________________

____

6. Im Schwimmbad waren wir doch schon letzte Woche. ____________________

____

7. Ihr fahrt immer so schnell, da komme ich gar nicht mit. ____________________

____

AUFGABE 3 **Untersuche die folgenden Argumente, die auf einer Schülerratssitzung zum Thema *Durchführung eines Sponsorenlaufs zugunsten der Partnerschule am 19. November* ausgetauscht worden sind. Welche Argumente überzeugen dich? Soll der Sponsorenlauf stattfinden? Schreibe eine kurze Stellungnahme. Benutze dein Übungsheft.**

AUFGABE 4 **Den folgenden Brief haben zwei Schülerzeitungsredakteure geschrieben, um Anzeigenkunden zu bekommen. Sicher fallen dir einige Mängel auf. Verbessere den Brief, benutze dazu dein Übungsheft.**

Sehr Geehrte Damen und Herren,
wie sie vielleicht wissen, gibt es an unserer Schule schon seit mehreren Jahren eine Schülerzeitung. Wir möchten sie nun davon überzeugen, eine Anzeige in unserer Zeitung zu schalten und dafür 35 € zu bezahlen. Wir bieten ihnen und euch eine Auflage von 600 Stück. Da die Zeitung hauptsächlich von unsern Schülerinnen und Schülern gelesen wird, wird Sie vor allem im Süden unserer Stadt gelesen, also in dem Gebiet, in dem ihre Geschäfte liegen. Nicht allein unsere Schülerinnen und Schüler lesen diese Zeitung auch Ihre Eltern, werfen einen Blick auf die Machwerke Ihrer Sprösslinge. Wir hoffen, dass sie angesichts der Vielzahl von Argumenten, die wir ihnen genannt haben, nun gerne in Unserer Zeitung inserieren möchten.
Bis bald, Lennart und Lukas von der Schülerzeitung

TESTEN

KLASSENARBEIT 2

60 Minuten

AUFGABE 5 **Untersuche die folgenden Behauptungen, Begründungen und Beispiele. Welche gehören zusammen? Was ist das jeweilige Thema?**

1. Die Krimis, die spätabends im Fernsehen laufen, sollten Kinder und Jugendliche nicht anschauen.

2. In der Sendung wird Schwieriges aus der Wissenschaft verständlich erklärt.

3. So ist zum Beispiel Marianne Sägebrecht eine sehr gute Besetzung für Frau Holle.

4. Ich sehe gerne Übertragungen von Spielen der Fußballnationalmannschaft.

5. Das Wissensmagazin „galileo“ ist sehr lehrreich.

6. In den Märchen spielen bekannte Schauspielerinnen und Schauspieler mit.

7. Krimis, die nach 22.00 Uhr gesendet werden, sind oft sehr brutal.

8. Als letzten Mittwoch die deutsche Mannschaft gegen die englische gespielt hat, waren wir bis zur letzten Minute gespannt, ob die Deutschen gewinnen würden.

9. Die neuen Märchenverfilmungen, die immer sonntags gezeigt werden, sind sehr gut gelungen.

10. Zu den Spielen der Nationalmannschaft treffe ich mich immer mit Freunden und wir drücken unserer Mannschaft gemeinsam die Daumen.

11. Letztens wurde in einem „Tatort“ gezeigt, wie ein Opfer gequält wurde.

12. In der letzten Sendung wurde zum Beispiel erklärt, wie eine Raumsonde im All repariert wurde.

Thema	Sätze

TESTEN

AUFGABE 6 **Unterscheide bei den Sätzen aus Aufgabe 5 Behauptungen, Begründungen und Beispiele.**

Thema	Behauptung	Begründung	Beispiel
Krimis im Fernsehen	1		

AUFGABE 7 **In deiner Schule wird diskutiert, ob der Verkauf von Süßigkeiten im schuleigenen Kiosk eingestellt werden soll. Sortiere die folgenden Argumente und ergänze weitere in deinem Übungsheft.**

1. kein heimlicher Besuch des Kiosks auf der anderen Straßenseite
2. Schule hat die Aufgabe, zu einer gesunden Ernährung der Kinder beizutragen
3. Süßigkeiten machen nicht satt, sondern dick
4. Schokolade kann in Stresssituationen – z. B. einer Klassenarbeit – hilfreich sein
5. die Schülerinnen und Schüler sollen sich lieber vitaminreich ernähren
6. die Schülerinnen und Schüler sind alt genug, sie können selbst entscheiden, was sie essen möchten
7. im Biologie- und Hauswirtschaftsunterricht werden die Kinder über gesunde Ernährung informiert, daher sind sie in der Lage, selbst ihre Nahrung auszuwählen
8. mit Verboten erreicht man keine Änderung des Verhaltens

für den Verkauf von Süßigkeiten	gegen den Verkauf von Süßigkeiten
1,	

AUFGABE 8 **Die Schulkonferenz entscheidet über den Antrag, den Verkauf von Süßigkeiten im schuleigenen Kiosk zu verbieten. An der Diskussion sind Eltern, Lehrerinnen und Lehrer sowie Schülerinnen und Schüler beteiligt. Schreibe ein kurzes Streitgespräch. Übertrage hierzu die Tabelle in dein Übungsheft und ergänze Argumente.**

Meinung der Eltern	Meinung der Lehrer / -innen	Meinung der Schüler / -innen

Fortsetzung der Tabelle im Übungsheft

TESTEN

7 Umgang mit Texten

7.1 Sachtexte

Wenn du einen Text bearbeiten sollst, musst du zunächst den **Text** und die **Aufgabenstellung gründlich lesen.** Mache dir genau klar, was von dir verlangt wird. Ziemlich leicht sollte es dir fallen, ganz klare und gezielte Fragen zu einem Text zu beantworten.	Lies den folgenden Text genau durch und beantworte die Fragen: Wo leben Eichhörnchen? Wie ernähren sie sich? Unser Eichhörnchen gehört zu den Nagetieren. Gern knabbert es Nüsse und Samen aller Art. Aber es frisst auch gerne Vogeleier und sogar Jungvögel ...
Wenn du aus einer **übergeordneten Fragestellung** selbst gezielte Fragen entwickeln musst, kläre zuerst: ■ Was bedeutet die Frage genau? ■ In welche Teilbereiche kann die Frage aufgeteilt werden?	Lies den Text genau durch und trage alle Informationen über die **Lebensgewohnheiten der Eichhörnchen** zusammen. Was gehört zu deren Lebensgewohnheiten? Nahrung – Lebensraum – typische Verhaltensweisen
Schwieriger wird es, wenn die Aufgabenstellung noch umfassender formuliert ist.	Lies den Text genau, was erfährst du darin über **das Eichhörnchen**? Gattung – Herkunft – Lebensgewohnheiten
Häufig musst du auch zwischen **wichtigen** und **unwichtigen** Informationen unterscheiden. Das erfordert schon ein bisschen Übung im Umgang mit Texten.	Lies den Text genau und arbeite **die wesentlichen Informationen** zum Eichhörnchen heraus.
Unterstreiche beim gründlichen Lesen die Informationen, die für die Beantwortung deiner Aufgabenstellung **wichtig** sind. Achte darauf, dass du nicht zu viel unterstreichst, sonst wird der Text wieder unübersichtlich.	... Unser Eichhörnchen gehört zu den <u>Nagetieren</u>. Gern knabbert es <u>Nüsse und Samen</u> aller Art. Aber es frisst auch gerne <u>Vogeleier und sogar Jungvögel</u>. Das Eichhörnchen hält sich mit Vorliebe <u>auf Bäumen</u> auf. Es hat ein rundes Nest ...
Markiere Stellen, die du noch **nicht verstanden** hast oder an denen sich weitere Fragen ergeben, durch ein Fragezeichen am Rand.	... Vor hundert Jahren wurde in England das amerikanische **Grauhörnchen** eingeführt, das vielerorts die einheimischen Eichhörnchen verdrängt ... **?**

WISSEN

Notiere dir die **Fragen,** die der Text neu aufwirft, direkt auf dem Arbeitsblatt oder auf einem zusätzlichen Übungsblatt. Überprüfe, ob die Beantwortung dieser Fragen wichtig ist, um die gestellte Aufgabe zu lösen.	Worin unterscheiden sich Eichhörnchen und Grauhörnchen? – Was bedeutet es, dass das Grauhörnchen das Eichhörnchen verdrängt? – Wieso kommt es dazu? *Aufgabe:* Sammle alle Informationen über das Eichhörnchen und seine außereuropäischen Verwandten! → *Informationen notwendig!* *Aufgabe:* Trage alle Informationen zu den Lebensgewohnheiten der Eichhörnchen zusammen! → *Informationen unwichtig!*
Wenn du einzelne Wörter oder Begriffe nicht verstehst oder Zusatzinformationen brauchst, musst du in einem (Fremd-) Wörterbuch oder in einem Lexikon **nachschlagen,** z. B. im DUDEN Schülerlexikon.	... Das **Grauhörnchen** ist ursprünglich in den USA beheimatet; es ist kräftiger als das Eichhörnchen und hat an den Ohren keine Haarbüschel ...
Überlege dir danach, wie du die markierten oder herausgeschriebenen **Stichwörter sinnvoll ordnen** kannst. Wenn du die Aufgabe nur stichwortartig bearbeiten sollst, bist du an dieser Stelle schon fertig.	Das Eichhörnchen Lebensraum: Wald, Bäume Nahrung: Nüsse, Samen, Eier, Jungvögel Verhalten: Vorräte anlegen
Wenn du einen Text schreiben sollst, achte darauf, dass du ihn mit deinen **eigenen Worten** formulierst.	*Satz aus dem Text:* Der bevorzugte Lebensraum der Eichhörnchen ist der Wald. *Mit eigenen Worten:* Das Eichhörnchen hält sich am liebsten in Wäldern auf.
Gliedere sowohl deinen mündlichen Vortrag als auch die schriftliche Bearbeitung der Aufgabe durch Pausen bzw. Absätze.	

ÜBUNG 1 **Lies den Lexikonartikel über das Lama gründlich durch und beantworte die Fragen.**

Das Lama
Lamas werden in Südamerika als Haustiere gehalten. Das Lama ist mit den → Kamelen verwandt, hat aber keine Höcker. Seine Rückenhöhe beträgt bis zu eineinhalb Meter. Langes, dichtes Haar hält das Tier warm und schützt es vor der Kälte des rauen Klimas in den → Anden.
Das Lama stammt vom Guanako ab und wurde vor mindestens 4500 Jahren von den → Inka gezüchtet. Südamerikanische Indianer halten das Lama heute noch als Tragtier. Aus der Wolle stellen sie Kleider, Teppiche und Stricke, aus dem Fett des Tieres sogar Kerzen her.

1. Mit welcher anderen Art ist das Lama verwandt? ______
2. Was unterscheidet es von dieser anderen Art? ______
3. Wie groß wird ein Lama? ______
4. Wodurch ist es vor der großen Kälte geschützt? ______
5. Wo lebt das Lama vorwiegend? ______

ÜBEN

WISSEN

In Lexikonartikeln wird häufig durch einen Pfeil → auf Stichwörter verwiesen, zu denen du im gleichen Lexikon zusätzliche Informationen erhältst.

ÜBUNG 2 **Zu welchen Stichwörtern gibt es im gleichen Lexikon weitere Informationen?**

1. ______ 2. ______ 3. ______

ÜBUNG 3 **Was erfährst du in dem Text über das Lama als Nutztier?**

1. Es wird als ______ genutzt.
2. Seine ______ wird zu ______, ______ und ______ verarbeitet.
3. Aus seinem ______ kann man ______ herstellen.

ÜBUNG 4 **Im Text finden sich drei Informationen zur Abstammung des Lamas. Schreibe sie in dein Übungsheft.**

ÜBUNG 5 **Markiere im Text zunächst alle Informationen zum natürlichen Lebensraum der Inka. Schreibe diese Informationen dann in Stichwörtern auf.**

Die Inka

Die Inka waren ein südamerikanisches Volk, das vom 13. bis zum 16. Jahrhundert ein riesiges Reich beherrschte. Seinen Mittelpunkt hatte es in Peru, die Hauptstadt war Cuzco. Die Inka bauten viele Straßen, die die entlegenen Teile ihres Reiches miteinander verbanden. Dennoch kannten oder nutzten sie das Rad nicht, weil es in dem gebirgigen Land wohl kaum Vorteile gebracht hätte. Die Inka schufen großartige Bauten und Bewässerungsanlagen, die zum Teil noch heute benutzt werden. Im Jahre 1538 eroberte der spanische Abenteurer Francisco Pizarro mit 180 Männern die Hauptstadt Cuzco. Er nahm König Atahualpa gefangen und versprach, ihn gegen Gold freizulassen. Die Inka brachten ihre Schätze, doch die Spanier hielten nicht Wort und erdrosselten den König. 1569 hatten die Spanier das ganze Reich der Inka erobert und zerstört. Dabei töteten sie die Eingeborenen.

ÜBUNG 6 **Welche zusätzlichen Informationen liefert dir die abgebildete Karte?**

1. Welche heutigen Länder umfasste das Inkareich?

2. An welchen Ozean grenzte das Inkareich?

3. Wo liegt Machu Picchu, die festungsartige Stadtanlage der Inka, in der es viele heilige Bezirke, Plätze und Gebäude gab?

ÜBEN

ÜBUNG 7 Arbeite jetzt die Informationen zur Geschichte der Inka vor der Eroberung durch die Spanier sowie zu ihren besonderen Leistungen heraus und trage sie in die Tabelle ein.

Geschichte	Besondere Leistungen

ÜBUNG 8 Schreibe nun alle Informationen zur Eroberung des Inkareiches durch die Spanier heraus.

ÜBUNG 9 Schreibe aus den herausgearbeiteten Informationen einen Aufsatz über die Inka in dein Übungsheft. Bemühe dich darum, den Text mit eigenen Worten zu formulieren, und halte dich an die folgende Gliederung:

- Das Inkareich: Geschichte und Ausbreitung
- Die besonderen Leistungen der Inka
- Eroberung und Zerstörung durch die Spanier

7.2 Gedichte

Gedichte drücken meist Gedanken, Gefühle, Stimmungen und Erlebnisse aus. Dafür wählen die Autoren oft die **Ichform** (daher heißt der Sprecher im Gedicht auch **lyrisches Ich**) sowie ausdrucksvolle **sprachliche Bilder**.	**An den Mond** (Johann Wolfgang von Goethe) Füllest wieder Busch und Tal Still im Nebelglanz, **Lösest endlich auch einmal** **Meine Seele ganz.**
Um ein Gedicht richtig zu verstehen, musst du diese sprachlichen Bilder **erkennen** und **deuten** können. Das erfordert ein **gründliches Lesen** des Textes und ein wenig Übung.	*Was bedeutet es, dass jemand einem anderen **die Seele löst?*** *Der andere fühlt sich durch dessen Gegenwart gelöst, befreit, fröhlicher als vorher.*
Oft tauchen in Gedichten heute ungebräuchliche Begriffe auf, die du in einem Wörterbuch nachschlagen musst.	Breitest über mein **Gefild** Lindernd deinen Blick *Gefilde: Landschaft, Gegend*
Durch **Vergleiche** wird ein Text meist anschaulicher.	**Wie des Freundes Auge** mild Über mein Geschick. *Der Mond ist wie ein guter Freund.*
Eine **Metapher** ist ein bildhafter, im übertragenen Sinn gebrauchter Ausdruck.	Jeden **Nachklang fühlt** mein Herz Froh und trüber Zeit *Was bedeutet es, dass das **Herz** einen **Nachklang froher und trüber Zeit** fühlt?* *Das lyrische Ich erinnert sich an schöne und weniger schöne Zeiten in seinem Leben.*
Die **Personifikation** ist eine besondere Form der Metapher: Begriffen, Gegenständen oder Naturerscheinungen werden menschliche Eigenschaften zugeschrieben.	**Wandelt** zwischen Freud und Schmerz In der Einsamkeit. *Was bedeutet es, dass das Herz zwischen Freud und Leid **wandelt?*** *Es wird noch einmal betont, dass das lyrische Ich zwischen frohen und schmerzlichen Erinnerungen hin und her schwankt.*

WISSEN

ÜBUNG 10 **Was bedeuten folgende Begriffe? Du kannst ein Wörterbuch zu Hilfe nehmen. Kreuze die richtige Antwort an.**

Hain	Lenz	Leu	Pfad	Klüfte	Gestade
☐ Fluss	☐ Frühling	☐ Hund	☐ schmaler Weg	☐ Gebirgsbäche	☐ Stadt
☐ Berg	☐ Sommer	☐ Löwe	☐ Bergwanderung	☐ Felsspalten	☐ Ufer
☐ Wald	☐ Winter	☐ Elefant	☐ Ausflug mit einer Kutsche	☐ dunkle Wolken	☐ weites Feld

ÜBUNG 11 **Verbinde mit Linien: Ordne den Begriffen in der linken Spalte anschauliche Vergleiche zu.**

treu	wie gerädert
rot	wie Eis
flink	wie Gold
kalt	wie ein Wiesel
sich … fühlen	wie eine Ente
reden	wie Blut
lahm … sein	wie ein Wasserfall

ÜBUNG 12 **Um die Stimmung, die ein Gedicht vermittelt, zu erfassen, solltest du den Text gründlich lesen. Findest du Wörter, welche die gleiche oder eine ähnliche Bedeutung haben und sich zu einem Wortfeld zusammenfassen lassen? Schreibe aus dem folgenden Gedicht von Joseph von Eichendorff alle Wörter heraus, die zum Wortfeld *Ruhe* gehören.**

Mondnacht

Es war, als hätt der Himmel
Die Erde still geküsst,
Dass sie im Blütenschimmer
Von ihm nun träumen müsst.

Die Luft ging durch die Felder,
Die Ähren wogten sacht,
Es rauschten leis' die Wälder,
So sternklar war die Nacht.

Und meine Seele spannte
Weit ihre Flügel aus,
Flog durch die stillen Lande,
Als flöge sie nach Haus!

ÜBEN

ÜBUNG 13 **Was bedeuten folgende Vergleiche und Metaphern aus dem Eichendorff-Gedicht? Kreuze an.**

1. Als hätt der Himmel die Erde still geküsst:
   - [ ] Zwischen Himmel und Erde scheint eine große Harmonie zu herrschen.
   - [ ] Es hat pausenlos geregnet.
   - [ ] Der Mond scheint so hell, dass die ganze Erde erhellt ist.

2. Und meine Seele spannte weit ihre Flügel aus:
   - [ ] Das lyrische Ich steht auf dem Boden, breitet die Arme aus und versucht zu fliegen.
   - [ ] Das lyrische Ich steht auf einem hohen Turm und möchte herunterspringen.
   - [ ] Das lyrische Ich fühlt sich wohl, es ist frei und unbeschwert.

3. Flog durch die stillen Lande, als flöge sie nach Haus:
   - [ ] Das lyrische Ich sitzt in einem Heißluftballon und fliegt durch die Nacht.
   - [ ] Das lyrische Ich genießt die Stille und die Eindrücke der Mondnacht, es fühlt sich ganz wohl, so als ob es zu Hause wäre.
   - [ ] Das lyrische Ich hat großes Heimweh, es will endlich nach Hause zurück.

ÜBUNG 14 **Ordne jetzt den Wendungen passende Metaphern zu.**

1. etwas Unrechtes / Böses vorhaben:
   - [ ] böses Blut schaffen
   - [ ] etwas im Schilde führen
   - [ ] jemanden ins Unrecht setzen

2. aufmerksam zuhören:
   - [ ] sich aufs Ohr legen
   - [ ] die Ohren steifhalten
   - [ ] die Ohren spitzen

3. jemanden hinauswerfen:
   - [ ] jemanden in der Luft zerreißen
   - [ ] jemanden an die Luft setzen
   - [ ] jemandem die Luft ablassen

ÜBEN

7.3 Erzählende Texte

Erzählende Texte dienen zunächst der **Unterhaltung.** Oft wird durch das Erzählte aber auch eine **belehrende Botschaft** vermittelt.	Märchen Fabel Sage Legende
So bringen **Märchen** oft allgemein menschliche Erfahrungen und Hoffnungen in erzählender Form zum Ausdruck. Die entscheidende Frage beim Umgang mit Märchen ist nicht, ob sich das Erzählte wirklich ereignet hat, sondern was mit ihm **eigentlich gemeint** ist.	*Hoffnung, dass die Guten es schaffen, sich gegen die Bösen durchzusetzen oder ihr schlimmes Schicksal zu überwinden:* Rotkäppchen Hänsel und Gretel Die Sterntaler
Fabeln dienen hauptsächlich dazu, dem Publikum eine Lehre zu vermitteln. Ein wesentliches Kennzeichen von Fabeln ist, dass in ihnen häufig Tiere auftauchen, die sprechen können. Die entscheidende Frage beim Umgang mit Fabeln ist die nach der **Lehre.**	Ein Elefant und eine Maus besprachen sich von ihrer Größe. „Ha!", sprach der Elefant, „ich messe Dich ja so leicht mit meinem Rüssel aus!" „Und ich", antwortete die Maus, „Hab einen kleinen Zahn und fresse Mich ja so leicht in eines Königs Haus: **Die Größe macht es oft nicht aus!**"
In **Sagen** wird von einem außergewöhnlichen, oft übernatürlichen Ereignis oder Erlebnis erzählt. Sagen sind wirklichkeitsgetreuer als Märchen. Sie gehen oft auf geschichtliche Ereignisse oder Personen zurück, dennoch hat sich das Geschehen nie so ereignet, wie es erzählt wird. Die **Legende** ist die religiöse Form der Sage, in ihrem Mittelpunkt steht eine heilige Person, ihre Taten und ihre Beziehung zu Gott.	*römische Sage:* Romulus und Remus *griechische Heldensage:* Die Abenteuer des Odysseus *deutsche Volkssage:* Das Nibelungenlied Die Legenden vom heiligen Martin Die Legenden vom heiligen Nikolaus Die Legenden von der heiligen Elisabeth
Für alle diese Textarten gilt, dass sie zunächst im Volk mündlich vorgetragen wurden und sich erst später zu sogenannten **Kunstformen** entwickelten, mit denen die Dichter ihr Publikum unterhalten und belehren wollten.	

ÜBUNG 15 **Nenne die Titel der Märchen und ordne die Gegenstände zu. Welche Rolle spielen sie jeweils im Märchen?**

ÜBUNG 16 **Was ist die richtige Lehre aus den folgenden Texten? Unterstreiche.**

Der Fuchs und der Rabe (nach Phädrus)
Ein Rabe stahl an einem offenen Fenster einen Käse und setzte sich damit auf einen hohen Baum, um ihn zu verzehren. Der Fuchs erblickte ihn und begann so zu reden: „Wie glänzt dein Gefieder so herrlich, wie anmutig ist deine Gestalt, wie hübsch dein Gesicht. Wenn du nur auch singen könntest, dann wärst du der Erste unter den Vögeln."
Und der dumme Rabe wollte zeigen, dass er singen könne, öffnete den Schnabel und der Käse fiel herab. Diesen schnappte sich schnell der schlaue Fuchs. Jetzt erst merkte der Rabe den Betrug und stöhnte über seine eigene Dummheit.

Die Fabel lehrt:
a) Man soll anderen nichts wegnehmen.
b) Wer sich über heuchlerisches Lob freut, wird meist dafür bestraft und bereut es.
c) Man soll nicht versuchen, etwas zu tun, was man sowieso nicht kann.

Das Pferd und der Esel (nach Christian Fürchtegott Gellert)
Ein stolzes Pferd ritt durch den Wald. Es lief so schnell und hielt den Kopf so hoch, dass es eine Wurzel nicht sah und darüber stolperte. Das sah ein träger Esel. Er lachte und sagte: „Mir ist ein solcher Fehler noch nie passiert. Es würden mich ja auch alle auslachen, wenn ich den gleichen Fehler machen würde." Das Pferd antwortete: „Was willst du eigentlich, du bist ja gar nicht groß und schnell genug, dass dir ein solcher Fehler passieren könnte."

Die Fabel lehrt:
a) Pferde sind größer, schneller und bedeutender als Esel.
b) Langsames und gemächliches Laufen ist besser als schnelles.
c) Stolz und Hochmut sind nicht gut.

ÜBUNG 17 **Schreibe aus beiden Texten die Namen der Personen und Orte heraus.**

Wieland, der Schmied
Im Norden Europas lebte einmal ein König, er hatte drei Söhne: Sie hießen Wieland, Egil und Schlagfittich und hielten immer treu zusammen. Sie gingen gemeinsam auf die Jagd und liefen zusammen Ski. Die drei liebten ein freies, ungebundenes Leben, und so kam es, dass sie weit herumzogen. Auf einem ihrer Jagdzüge gerieten sie in eine einsame Gegend. Ein See lag dort, in den ein Fluss mündete. Sie nannten das Tal, durch das er floss, das Wolfstal und den See den Wolfssee. Sie bauten sich dort ein Haus und beschlossen, in der Gegend zu bleiben. Der Wolfssee lag nicht weit von der Grenze des Reiches, über das damals König Niedung herrschte. Niedung erfuhr schnell von dem neuen Haus am Wolfssee, aber er ließ die Brüder in Frieden. Er befahl nur, ihm mitzuteilen, wenn am Wolfssee etwas Besonderes passieren sollte ...

Die weiße Schlange
Es ist nun schon lange her, da lebte ein König, dessen Weisheit im ganzen Lande berühmt war. Nichts blieb ihm unbekannt, und es war, als ob ihm die Nachricht von den verborgensten Dingen durch die Luft zugetragen würde. Er hatte aber eine seltsame Sitte. Jeden Mittag, wenn von der Tafel alles abgetragen und niemand mehr zugegen war, musste ein vertrauter Diener noch eine Schüssel bringen. Die Schüssel war zugedeckt und der Diener wusste selbst nicht, was darin lag, denn der König deckte sie nicht eher auf und aß nicht davon, bis er ganz allein war. Das hatte schon lange Zeit gedauert, da überkam eines Tages den Diener, der die Schüssel wieder wegtrug, die Neugierde, sodass er nicht widerstehen konnte, sondern die Schüssel in seine Kammer brachte ...

	Text 1	**Text 2**
Personen		
Orte		

ÜBUNG 18 **Sagen sind wirklichkeitsgetreuer als Märchen: Welcher Text ist also ein Auszug aus einem Märchen, welcher ist ein Auszug aus einer Sage?**

Text 1: ____________________ Text 2: ____________________

ÜBEN

KLASSENARBEIT 1

60 Minuten

AUFGABE 1 **Setze die fehlenden (z. T. nicht ganz echten) Reimwörter ein.**

Bewaffneter Friede (Wilhelm Busch)

Ganz unverhofft an einem ____________
Sind sich begegnet Fuchs und Igel.
Halt, rief der Fuchs, du Bösewicht!
Kennst du des Königs Ordre ____________ ?
Ist nicht der Friede längst ____________ ,
Und weißt du nicht, dass jeder sündigt,
Der immer noch gerüstet geht?
Im Namen seiner ____________
Geh her und übergib dein Fell.
Der Igel sprach: Nur nicht so ____________ .
Lass dir erst deine Zähne ____________ ,
Dann wollen wir uns weiter sprechen!
Und allsogleich macht er sich ____________ ,
Schließt seinen dichten Stachelbund
Und trotzt getrost der ganzen ____________
Bewaffnet, doch als Friedensheld.

AUFGABE 2 **Der Text „Bewaffneter Friede" enthält typische Merkmale von zwei Textsorten. Trage die Textsorten und die Merkmale in die Tabelle ein.**

Textsorte:	Textsorte:

TESTEN

AUFGABE 3 **Welche typischen Eigenschaften der beiden Tiere werden in diesem Text deutlich?**

Fuchs	Igel

AUFGABE 4 **Beantworte die folgenden Fragen zum Text, indem du jeweils die richtige Lösung ankreuzt.**

1. „Ordre“ ist …
   - ☐ ein Orden, den der König verleiht.
   - ☐ der Ordner, in dem alle Gesetze gesammelt sind.
   - ☐ eine Anordnung / ein Befehl des Königs.

2. Warum ist der Igel ein „Friedensheld“?
   - ☐ Weil er immer lieb zu allen ist.
   - ☐ Weil er dem bösen Fuchs widerstanden hat.
   - ☐ Weil er zwar Waffen – seine Stacheln – hat, diese aber nicht zum Angriff gebraucht.

3. Der Text vermittelt folgende Lehre:
   - ☐ Igel sind sture Tiere, die sich der Anordnung des Königs widersetzen.
   - ☐ Um sich gegen das Böse wehren zu können, darf man nicht zu dumm sein.
   - ☐ Der Fuchs ist ein besonders gesetzestreuer Zeitgenosse.

AUFGABE 5 **Stell dir vor, dass der Igel der Aufforderung des Fuchses folgt. Schreibe eine kurze Geschichte in dein Übungsheft. Gestalte deinen Text anschaulich (treffende Adjektive und Verben) und spannend (steigere die Spannung schrittweise) und verwende wörtliche Rede.**

Stichwortfinder

Bildquellen:
Bibliographisches Institut, Berlin: S. 116
© ExQuisine – Fotolia.com: S. 50
MEV Verlag, Augsburg: S. 50, S. 64, S. 65

DUDEN

WISSEN • ÜBEN • TESTEN

6. Klasse

Deutsch

Lösungsheft

Dudenverlag
Berlin

1 Wortarten

ÜBUNG 1 **S. 7**

1. dem Nikolaus: Maskulinum, Singular, Dativ
2. der Nikolaus: Maskulinum, Singular, Nominativ – **Freundin:** Femininum, Singular, Dativ – **das Geschenk:** Neutrum, Singular, Akkusativ
3. Bruder: Maskulinum, Singular, Dativ – **eine Rute:** Femininum, Singular, Akkusativ

ÜBUNG 2 **S. 7**

1. Der **Tierpfleger** (Nominativ) bürstet den **Rücken** (Akkusativ) des **Elefanten** (Genitiv).
2. Eine **Frau** (Nominativ) kauft in der **Bäckerei** (Dativ) eine **Sahnetorte** (Akkusativ).
3. Die **Kinder** (Nominativ) spielen auf dem **Schulhof** (Dativ) **Fußball** (Akkusativ).

ÜBUNG 3 **S. 8**

1. Possessivpronomen	**2.** Artikel
3. Substantiv	**4.** Konjunktion
5. Präposition	**6.** Verb
7. Adjektiv	**8.** Personalpronomen

ÜBUNG 4 **S. 8**

Substantive: Deutschlehrerin, Platz, Arbeit, Glückwunsch, Diktat, Note, Diktat, Mitschüler, Augen, Heft, Beifall, Leistung
Verben: kam, lächelte ... an, hast ... geschrieben, schrieb, hatte ... geübt, blickten ... an, zurückbekam, klatschten
Adjektive: beste, Herzlichen, schlechte, großen, großartigen
Pronomen: Meine, meinem, mich, Du, ich, dieses, ich, Meine, mich, ich, meiner
Präpositionen: zu, im, für, mit, wegen
Konjunktionen: und, aber, als, und
Artikel: die, eine, dieses, das
Dieses Wort konntest du nicht unterstreichen: **Normalerweise**

ÜBUNG 5 **S. 8**

Die **häufigen** Kinobesuche machen mich noch ganz arm. – Der Veranstalter bot ein **ausreichendes** Sitzplatzangebot. – In **früheren** Zeiten gab es Ritter und Piraten.

ÜBUNG 6 **S. 11**

Am Morgen des 12. Oktober 1492 **tauchte** vor den Augen der Besatzung Land auf. Sie **ließen** sich eine Zeit lang vor der Insel, die die Ureinwohner Guanahani **nannten**, treiben. Als sie nackte Menschen am Strand **sahen**, **ließ** der Admiral Christoph Kolumbus ein mit Waffen beladenes Boot zu Wasser. Nur zwei weitere Kapitäne **begleiteten** ihn, als er das fremde Land **betrat**. Sofort **entfaltete** Kolumbus das königliche Banner und **nahm** so die Insel in Besitz für das spanische Königspaar Isabella und Ferdinand. Die Eingeborenen **wussten** damals noch nicht, was diese unrechtmäßige Landnahme für sie **bedeutete**. Schließlich **hatten** sie noch keine Vorstellung von Eigentum und Diebstahl.

ÜBUNG 7 **S. 11**

Die Namensgebung Indianer für die Ureinwohner **beruht** auf einer Anekdote, die wir auch heute noch aus der Schule **kennen**. Danach **erreichte** Kolumbus 1492 die Insel und **wähnte sich** in Indien. Infolgedessen **nannte** er die nackten Menschen Indianer. Ob diese Geschichte wirklich **stimmt**, **ist** fraglich. Kolumbus **schrieb** in sein Logbuch „Un genus in Dios – Ein Volk in Gott“. Somit **geht** die Bezeichnung Indios gar nicht auf einen Irrtum zurück, sondern **drückt** einen tiefen Respekt vor den Ureinwohnern **aus**. Die Insel Guanahani **heißt** heute San Salvador.

ÜBUNG 8 **S. 12**

Perfektbildung mit *haben:*
lachen – singen – tanzen
Perfektbildung mit *sein:*
laufen – aufstehen – ankommen / aussteigen

ÜBUNG 9 **S. 13**

Konjugiertes Verb	Infinitiv (Grundform)
war	sein
duldete	dulden
hatte	haben
sah ... an	ansehen
sich anschickte	sich anschicken
brachte ... um	umbringen
regierte	regieren

konnte	können
baute	bauen
lebte	leben
verschlang	verschlingen

ÜBUNG 10 **S. 13**

Vergangenheit: wir haben Weihnachtsferien bekommen – es hat geschneit – ich habe mich verabredet
Gegenwart: ich genieße den ersten Ferientag – (es) liegen 10 Zentimeter Schnee – sie besuchen ihre Großeltern – ich freue mich
Zukunft: (ich) werde nach draußen gehen – es wird weiterschneien – die Straßen werden glatt – damit sie pünktlich wieder da sind

ÜBUNG 11 **S. 14**

siehe unten

ÜBUNG 12 **S. 14**

Infinitiv	**1. Person Singular Präteritum**	**Partizip Perfekt**
malen	malte	gemalt
lachen	lachte	gelacht
kommen	kam	gekommen
reiben	rieb	gerieben
hören	hörte	gehört
sein	war	gewesen

ÜBUNG 13 **S. 14**

1. Perfekt 2. Person Plural
2. Plusquamperfekt 2. Person Singular
3. Präsens 1. Person Plural
4. Präteritum 3. Person Singular
5. Futur I 1. Person Singular
6. Perfekt 3. Person Singular

ÜBUNG 14 **S. 17**

Ein Fuchs fiel unglücklicherweise in einen tiefen Brunnen, aus dem er sich selbst nicht befreien konnte. Sogleich kam ein durstiger Ziegenbock zum Brunnen, und als er den Fuchs sah, fragte er neugierig, ob das Wasser gut sei. Der Fuchs lud den Ziegenbock freundlich ein herabzukommen. Das tat der Bock, und nachdem er seinen Durst gelöscht hatte, fragte er den Fuchs, wie sie herauskämen. Der Fuchs nahm ihn beiseite und sprach listig: „Stelle dich auf deine Hinterbeine und stemme die Vorderbeine an die Wand. Ich will schnell über deinen Rücken und deine Hörner klettern und sofort dir heraushelfen.“ So taten sie es auch. Als der Fuchs oben stand, tanzte er ausgelassen und rief: „Wenn du nur einmal nachgedacht hättest, wärst du nicht hier hinabgestiegen, ohne zu wissen, wie du wieder hinauskommst.“ Freudestrahlend lief er davon.

ÜBUNG 15 **S. 17**

lokal: drinnen, irgendwo
temporal: stets, heute, schließlich, endlich, unterdessen
modal: folglich, glücklicherweise, schnellstens
kausal: darum, deshalb

ÜBUNG 16 **S. 18**

Positiv	**Komparativ**	**Superlativ**
wohl	**besser**	am besten
sehr	mehr	**am meisten**
bald	**eher**	am ehesten
gern	lieber	**am liebsten**

ÜBUNG 11

Präsens	**Perfekt**	**Futur II**
wir schwimmen	wir sind geschwommen	wir werden geschwommen sein
du bist	du bist gewesen	du wirst gewesen sein
ich rufe	ich habe gerufen	ich werde gerufen haben

ÜBUNG 17 **S. 18**

1. Komparativ: Er verhielt sich besser. – Superlativ: Er verhielt sich am besten.
2. Komparativ: Über die Niederlage ärgerten sie sich mehr. – Superlativ: Über die Niederlage ärgerten sie sich am meisten.
3. Komparativ: Ich besuche dich eher. – Superlativ: Ich besuche dich am ehesten.

ÜBUNG 18 **S. 18**

Lösungsvorschlag:
1. Glücklicherweise konnte die Katastrophe verhindert werden.
2. Die betroffenen Familien wurden **abends** gerettet.
3. Der Brand wurde **sofort** gelöscht.
4. Die Zeitungen berichteten **gestern** über den Vorfall.

ÜBUNG 19 **S. 19**

1. Paul hängt das Bild an **die Wand**. (Akkusativ)
2. Das Buch liegt auf **dem Tisch**. (Dativ)
3. Das Brot wird in **den Brotkasten** gelegt. (Akkusativ)
4. Der Storch sitzt auf **dem Dach**. (Dativ)

ÜBUNG 20 **S. 19**

Zeit: als, nachdem, ehe, bis
Grund: weil, da
Zweck: damit, dass, um zu
Bedingung: falls, wenn
Gegensatz: obschon, obwohl, obgleich

ÜBUNG 21 **S. 19**

Nachdem / Als wir das Kino verlassen hatten, besuchten wir noch ein Schnellrestaurant. Meine Mutter bestellte sich nur einen Kaffee, **denn** sie kann Hamburger und Pommes frites überhaupt nicht riechen. **Obwohl** sie keine Schnellrestaurants mag, tut sie uns Kindern schon mal den Gefallen **und** spendiert uns ein Kindermenü. **Da / Weil** wir nie Cola **und / oder** Pommes zu Hause haben, essen wir das im Schnellrestaurant besonders gerne. **Wenn** wir wieder zu Hause sind, essen wir gesunde Sachen: Äpfel **und** Bananen essen wir täglich, **aber** Birnen mag ich gar nicht.

ÜBUNG 22 **S. 20**

1. falls, da alle übrigen Konjunktionen temporale Konjunktionen sind
2. während, da alle übrigen Konjunktionen nebenordnende Konjunktionen sind
3. und, da alle übrigen Konjunktionen einen Gegensatz angeben.

ÜBUNG 23 **S. 20**

1. mit (modal) seinen Freunden – **im (lokal)** Schwarzwald
2. Während (temporal) der letzten Klassenfahrt – **in (temporal)** der Nacht
3. Vor (kausal) lauter Furcht – **vor (lokal)** das Haus
4. Nach (temporal) zwei Stunden – **mit (modal)** einem Kompass und einem Handy – **im (lokal)** Wald
5. in (temporal) zwei Stunden
6. Durch (modal) großes Geschick – **durch (lokal)** das unwegsame Gelände
7. nach (temporal) viereinhalb Stunden – **nach (lokal)** Hause

ÜBUNG 24 **S. 22**

1. Dazu treffen **wir** uns jeden Nachmittag.
2. Vor fünf Minuten habe ich **ihn** noch gesehen.
3. Ob **ihnen** der Zirkus auch gefällt?
4. Sie freuen sich alle sehr darauf.

ÜBUNG 25 **S. 22**

1. seiner ist ein Possessivpronomen, die anderen sind Demonstrativpronomen
2. du ist ein Personalpronomen, die anderen sind Indefinitpronomen
3. die ist ein Relativpronomen, die anderen sind Possessivpronomen

ÜBUNG 26 **S. 23**

Etliche Bundesbürger werden auch dieses Jahr wieder viel Geld für ihr Feuerwerk an Silvester ausgeben. Das beliebteste Produkt sind nach wie vor die Raketen, die um Mitternacht in die Luft geschossen werden. Man erwartet für dieses Jahr, dass wieder mehrere Millionen Raketen abgefeuert werden. Hilfsorganisationen weisen jedes Jahr darauf hin, dass das Geld, das für die Knallerei ausgegeben wird, besser gespendet werden sollte. Trotz dieser Hinweise und knapper Haushaltskassen lassen sich die Deutschen diesen Spaß aber nicht nehmen. Neueste Umfragen haben ergeben, dass Frauen lieber ihren Partner zu Silvester knallen lassen, als dass sie selbst zum Feuerzeug greifen. Psychologen erklären solches Verhalten so: Das alte Jahr mit lautem Krachen zu verabschieden, beruht auf dem männlichen Imponiergehabe, das sich bereits zu Urzeiten entwickelt haben soll. Die Lust, sich gegenseitig zu erschrecken, beginne bei manchen Jungen schon im Kindergartenalter und erreiche ihren Höhepunkt in der Pubertät. Es sei somit ein typisch männliches Verhalten.

Personalpronomen: sie, es
Possessivpronomen: ihr, ihren, ihren
Demonstrativpronomen: dieses, dieses, dieser, diesen, solches
Indefinitpronomen: etliche, man, mehrere, jedes, manchen
Relativpronomen: die, das, das

Klassenarbeiten

AUFGABE 1 **S. 24**
bist – brauchst – hustest – bekommst – gehst – weiß – haben – erkennt – behandelt – fehlt – besuchst – prüft – entwickelst – benötigst

AUFGABE 2 **S. 24**
siehe unten

AUFGABE 3 **S. 25**
Skelett – Menschen – Röntgenstrahlen – Röntgenbild – Knochenbrüche – Absplitterungen – Knochen – Arzt – Bildes – Bruch – Gipsverband – Tage – Wochen – Knochen – Arzt – Gipsverband – Gipsschneiders

AUFGABE 4 **S. 25**
Ben und seine Schwester Jette gehen heute zu ihrer Kinderärztin Frau Doktor Baumann. Sie besuchen sie gerne, weil ihr Wartezimmer so aussieht wie ein Kinderzimmer. Die Ärztin hat viele Bilder ihrer kleinen Patienten an einer Pinnwand ausgestellt. Ben schaut sie sich jedes Mal an, denn er hofft, irgendeinen seiner Freunde auf den Bildern wiederzuerkennen. Bis sie aufgerufen werden, spielt Jette zunächst mit

AUFGABE 2

Infinitiv	Präteritum	Plusquamperfekt	Futur I
sein	du warst	du warst gewesen	du wirst sein
brauchen	du brauchtest	du hattest gebraucht	du wirst brauchen
husten	du hustetest	du hattest gehustet	du wirst husten
bekommen	du bekamst	du hattest bekommen	du wirst bekommen
gehen	du gingst	du warst gegangen	du wirst gehen
wissen	du wusstest	du hattest gewusst	du wirst wissen
haben	du hattest	du hattest gehabt	du wirst haben
erkennen	du erkanntest	du hattest erkannt	du wirst erkennen
behandeln	du behandeltest	du hattest behandelt	du wirst behandeln
fehlen	du fehltest	du hattest gefehlt	du wirst fehlen
besuchen	du besuchtest	du hattest besucht	du wirst besuchen
prüfen	du prüftest	du hattest geprüft	du wirst prüfen
entwickeln	du entwickeltest	du hattest entwickelt	du wirst entwickeln
benötigen	du benötigtest	du hattest benötigt	du wirst benötigen

der riesigen Eisenbahn. Um die Wartezeit zu verkürzen, lässt sie sich danach von ihrem Vater aus ihrem Lieblingsbuch vorlesen.

AUFGABE 5 **S. 25**
Die Ärztin macht ihre Arbeit wirklich gut. Sie untersucht alle stets sehr sorgfältig. In der Sprechstunde zeigt sie ihren Patienten immer genau, was sie macht. Sie lässt die Kinder zunächst mit ihren Instrumenten spielen, damit sie die Angst vor ihnen verlieren und sie sich von ihr untersuchen lassen. Wenn die Untersuchung vorbei ist, gibt sie den Kindern ein Gummibärchen und sie dürfen sich etwas aus ihrer Spielzeugschublade aussuchen.

AUFGABE 6 **S. 26**
Adverb: heute, zunächst, sehr, gestern, nun
Präposition: mit, zum, seit, über, auf, zur, bei, durch, mithilfe, im, für
Konjunktion: weil, und, da, nachdem, damit

AUFGABE 7 **S. 26**
Genitiv: mithilfe
Dativ: mit, zum, seit, zur, bei, im
Akkusativ: über, auf, durch, für

AUFGABE 8 **S. 27**
Präteritum

AUFGABE 9 **S. 27**
kleingeschrieben wird.

AUFGABE 10 **S. 27**
als Stellvertreter für Personen oder Dinge steht.

AUFGABE 11 **S. 27**
Präpositionen

AUFGABE 12 **S. 27**
wo etwas geschehen ist.

AUFGABE 13 **S. 27**
sowie

AUFGABE 14 **S. 28**
den Numerus (Zahl: Singular oder Plural)

AUFGABE 15 **S. 28**
die Formveränderung eines Substantivs

AUFGABE 16 **S. 28**
unbestimmte Artikel

AUFGABE 17 **S. 28**
Sprich!

AUFGABE 18 **S. 28**
gebogen

AUFGABE 19 **S. 28**
Aussagen, die allgemein oder immer gültig sind.

2 Satzglieder

ÜBUNG 1 **S. 30**
1. Wir / basteln / heute / für Weihnachten / in der Schule.
2. Strohsterne / wollen / die meisten Kinder / herstellen.
3. Gerne / möchte / ich / ein Fensterbild mit einem Schneemann / machen.
4. Glasmalfarbe und eine Folie / benötige / ich / dazu.
5. Mein Kunstwerk / werde / ich / in einer Stunde / fertiggestellt haben.
6. Große Freude / bereitet / mir / das Basteln / immer.

ÜBUNG 2 **S. 30**
1. Auf dem Weihnachtsbasar haben wir unsere Waren angepriesen. **2.** Besonders gern wurden die Strohsterne gekauft. **3.** Leider wollte niemand mein Fensterbild haben. **4.** Am späten Nachmittag kamen meine Eltern. **5.** Aus lauter Mitleid haben sie das Fensterbild erworben.
6. Jetzt hängt es bei mir im Zimmer.
7. Nächstes Jahr werde ich bestimmt nicht basteln. **8.** Hoffentlich kann ich besser Plätzchen backen.

ÜBUNG 3 **S. 31**

1. Leon bekommt von seinen **Großeltern (PO)** **Geld (AO)** zum Geburtstag.
2. Dieses Geld verwendet er für seinen **Computer (PO)**.
3. Er kauft sich eine neue **Tastatur (AO)** und eine neue **Maus (AO)**.
4. Leon bezahlt, der Verkäufer gibt **ihm / dem Jungen (DO)** das **Wechselgeld (AO)** zurück.

ÜBUNG 4 **S. 31**

Eine Schwalbe macht noch keinen Sommer
S P AO
Ein verschwenderischer Jüngling hatte
S P
sein väterliches Hab und Gut durchgebracht.
AO P
Es ging ihm nicht gut und er besaß nur noch
S P DO S P
einen Mantel. Da sah er eine Schwalbe zu früh
AO P S AO
zurückkehren, sodass er fest mit dem Beginn
P S PO
des Frühlings rechnete. So entledigte er sich
P P S
auch noch seines Mantels. Später aber, als
GO
der Winter anhielt und ein kalter Wind wehte,
S P S P
fand er die tote Schwalbe und rief: „Du warst
P S AO P S P
es, du hast auch mich ruiniert."
S P AO P

ÜBUNG 5 **S. 34**

Zeit: einstmals, zur Mittagszeit, zunächst, gleich darauf, nach dem Mahl, zuerst, an diesem Tag
Ort: nach Bayreuth, in eine Gaststätte, an der Tür
Grund: wegen seiner Geldnot, aus purer Schalkheit
Art und Weise: hungrig, freundlich, schnell, genüsslich, ärgerlich, rasch, gut, voller Zorn, gewitzt, guten Mutes, verdutzt

ÜBUNG 6 **S. 35**

1. Manche Menschen dachten früher voller Angst an die Streiche des Till Eulenspiegel.
2. Viele aber erzählten gern an langen Winterabenden die Geschichten ihren Kindern am Kamin.
3. Auch heute noch werden in Deutschland seine Streiche häufig in der Schule gelesen.
4. Die Kinder mögen Till Eulenspiegel wegen seines Witzes.

ÜBUNG 7 **S. 35**

früher: Zeit (wann?)
voller Angst: Art und Weise (wie?)
gern: Art und Weise (wie?)
an langen Winterabenden: Zeit (wann?)
am Kamin: Ort (wo?)
auch heute noch: Zeit (wann?)
in der Schule: Ort (wo?)
in Deutschland: Ort (wo?)
häufig: Art und Weise (wie?)
wegen seines Witzes: Grund (warum?)

ÜBUNG 8 **S. 35**

Lösungsvorschlag:
Gestern ereignete sich ein unglaublicher Vorfall in der Gaststube „Zum blauen Pferd". Ein hungriger Gast bestellte beim Wirt freundlich ein Glas Wein. Umgehend ließ er dieses jedoch zurückgehen und bestellte stattdessen mit einem hintergründigen Grinsen zwei Würstchen, die er mit großem Genuss aufaß. Kurze Zeit später wollte er das Gasthaus verlassen, ohne zu bezahlen. Verärgert hielt ihn der Wirt jedoch fest und sprach ihn auf seine Schulden an. Der Gast weigerte sich zu bezahlen, weil er dem Wirt für die Würstchen das Glas Wein gegeben habe. Auf den Einwand des Wirtes, dass er dieses Glas Wein auch nicht bezahlt habe, ließ der Gast den verdutzten Wirt mit der gewitzten Bemerkung stehen, dass er dieses auch nicht getrunken habe.

ÜBUNG 9 **S. 36**
Lösungsvorschlag:
1. Ich lese gern Geschichten von Till Eulenspiegel.
2. Die Geschichten von Till Eulenspiegel wurden im 15. Jahrhundert von Hermann Bote geschrieben.
3. Der Autor belehrt seine Leser auf lustige Art und Weise.
4. Till Eulenspiegel deckt oftmals die Dummheit der Menschen auf.
5. Der Leser lacht über Tills Späße wegen des unerwarteten Endes.

ÜBUNG 10 **S. 36**
Adjektiv: direkt, laut, erfolgreich, humorvoll
Adverb: noch heute, sofort, glücklicherweise, unverständlicherweise, heutzutage
Substantiv mit Präposition: in aller Welt, ohne Scham, in vielen Geschichten

ÜBUNG 11 + 12 **S. 38**
Adjektivattribut: brillante, längerer
Genitivattribut: des Jahres
präpositionales Attribut: ohne Nachtönen, bei gleichem Preis, für Sie
Pronomen: unser
Zahlwort: zehn

ÜBUNG 13 **S. 38**
Lösungsvorschlag:
Faszinierendes Fahrvergnügen für höchste Ansprüche!
Diese Kaffeespezialität in drei neuen Sorten!
Erstklassige Verarbeitung der Stoffe!
Tolle Qualität der Spitzenklasse!
Hunderte traumhafter Urlaubsziele zur Auswahl!

ÜBUNG 14 **S. 38**
Adjektiv: erstklassig, traumhaft, faszinierend, toll
Genitivattribut: der Spitzenklasse, der Stoffe
präpositionales Attribut: für höchste Ansprüche, in drei neuen Sorten, zur Auswahl
Pronomen: dies
Zahlwort: Hunderte

ÜBUNG 15 **S. 39**
1. auf dem riesigen Platz: adverbiale Bestimmung
2. aus den umliegenden Dörfern: Attribut
3. im nahe gelegenen Großmarkt: adverbiale Bestimmung
4. auf dem Großmarkt: Attribut – aus weit entfernten Ländern: adverbiale Bestimmung
5. Auf dem Großmarkt: adverbiale Bestimmung – aus weit entfernten Ländern: Attribut

ÜBUNG 16 **S. 39 f.**
Lösungsvorschlag:
1. Auf dem **herrlichen** Wochenmarkt **unserer Stadt** werden immer **riesige** Mengen **an Obst** angeboten.
2. Unter **bunten** Sonnenschirmen liegen **tolle** Früchte **der Spitzenklasse**.
3. Kleine Kinder spielen zwischen den **großen** Ständen.
4. Während des **hektischen** Treibens unterhalten sich **nette** Menschen über das Wetter **von morgen**.
5. Der Markt **der tausend Früchte** ist überall bekannt.
6. Mit einem Einkauf **auf dem Wochenmarkt** kann man viel Geld sparen, wenn man mit den **freundlichen** Händlern um die **erstklassige** Ware feilscht.

ÜBUNG 17 **S. 40**
1. Der Obsthändler**, ein älterer Herr mit Glatze,** schenkt uns immer eine Banane.
2. Obst und Gemüse sind reich an Vitamin C, **einem besonders im Winter wichtigen Vitamin.**
3. Unser Wochenmarkt**, ein Treffpunkt für Jung und Alt,** ist überall bekannt.

ÜBUNG 18 **S. 40**
Ein sehr berühmtes **Beispiel** für Heldensagen der deutschen Literatur ist das „Nibelungenlied“. Die schreckliche **Geschichte** um Liebe, Hass und Rache spielt im fünften **Jahrhundert,** wurde aber erst um 1200 von einem unbekannten **Verfasser** aufgeschrieben. Sie erzählt von Siegfrieds **Tod** durch seinen ehemaligen Freund

Hagen und von Kriemhilds **Rache**. Die wohl bekannteste **Episode** des Nibelungenliedes ist die **Geschichte** von Siegfrieds Kampf mit einem Drachen. In diesem ungleichen **Kampf** besiegte Siegfried wider Erwarten einen mächtigen **Drachen**. Als das **Blut** des Drachen in einem dicken **Strahl** herausschoss, bemerkte Siegfried zufällig, dass er durch den **Kontakt** mit dem Drachenblut unverwundbar wurde. Also badete er im **Blut** des Untiers, sodass seine Haut hörnern wurde bis auf eine kleine **Stelle** am Rücken zwischen den Schultern. Dorthin war ein Lindenblatt gefallen. An dieser **Stelle** wird sein **Freund Hagen** ihn später tödlich verletzen.

Klassenarbeiten

AUFGABE 1 **S. 41**

1. Am Anfang des Markttages (adv. Best.) liefern (P) die geschäftstüchtigen Händler (S) ihre Ware (O) auf dem riesigen Platz (adv. Best.) an (P).
2. Natürlich (adv. Best.) hoffen (P) alle (S) auf ein gutes Geschäft (O).
3. Verführerische Gerüche (S) steigen (P) den Besuchern des Marktes (O) in die Nase (adv. Best.).
4. Gerne (adv. Best.) probieren (P) interessierte Kunden (S) exotische Speisen aus der Türkei (O).
5. Besonders farbenprächtig (adv. Best.) sind (P) die Stände der Blumenhändler (S).
6. Die ganz besondere Farbenpracht der Blüten (S) erfreut (P) die Besucher (O).

AUFGABE 2 **S. 41**

Attribute
Adjektiv: sehenswertes, besseres
Genitivattribut: der Eishockeymannschaft, der gegnerischen Mannschaft
präpositionales Attribut: aus Duisburg
Pronomen: unsere
Zahlwort: zwei, knapp achttausend

Adverbiale Bestimmungen
Zeit: am vorigen Donnerstag, zunächst, nach Foulspiel, nach der Halbzeit, dann
Ort: in der ausverkauften Arena, auf die Bank
Grund: wegen des schlecht präparierten Eises
Art und Weise: sehr schlecht, verdient

AUFGABE 3 **S. 42**

Lösungsvorschlag:
entsetzt: Ich sah dein entsetztes Gesicht. Entsetzt schrie ich auf.
leise: Ich hörte ein leises Zischen. Leise betrat ich den Raum.
hart: Ein harter Schlag traf mich. Er schlug hart auf mich ein.
zornig: Der zornige Gesichtsausdruck erschreckte mich. Zornig blickte ich ihn an.

AUFGABE 4 **S. 42**

Durch die **große (Att.)** Stadt schiebt sich **hupend und stinkend (adv. Best.)** eine **riesige (Att.)** Blechlawine. Zwischen den **modernen (Att.)** Hochhäusern und der **kleinen (Att.)** Kirche hängen **täglich (adv. Best.) bläuliche (Att.)** Abgasschwaden in der **dicken (Att.)** Luft. In den **unteren (Att.)** Etagen der Hochhäuser bieten **vornehme (Att.)** Geschäfte die **teuersten (Att.)** Produkte an. **Langsam (adv. Best.)** schlendert Paolo an den Läden vorbei und er weiß **genau (adv. Best.)**, dass er die **ausgestellten (Att.)** Waren **niemals (adv. Best.)** wird kaufen können. Als Straßenkind muss er sich seinen **kümmerlichen (Att.)** Lebensunterhalt mit Autoscheibenputzen verdienen. Das **tägliche (Att.)** Leben auf der Straße hat ihn **hart (adv. Best.)** gemacht.

AUFGABE 5 **S. 43**

1. Bis in die Mitte des 19. Jahrhunderts / reisten / die Menschen / relativ langsam, / da / man / mit Segelbooten / die Ozeane / befuhr.
2. Die Konstrukteure der Titanic / bauten / ein besonders luxuriöses Dampfschiff, / das / als unsinkbar / galt.
3. Am 31. Mai 1911 / wurde / die Titanic / ohne viel Aufhebens / vom Stapel / gelassen.
4. Die Jungfernfahrt eines so großen Schiffes / ist / immer / etwas Besonderes / und / so / herrschte / auch / in Southampton (England) / ein geschäftiges Treiben, / als / die Titanic / am 10. April 1912 / den Hafen / verließ.

AUFGABE 6 **S. 43**

1. Womit befuhren die Menschen die Ozeane? mit Segelbooten = PO (präpositionales Objekt)
2. Was bauten die Konstrukteure der Titanic? ein besonders luxuriöses Dampfschiff = AO (Akkusativobjekt)
3. Wovon wurde die Titanic ohne viel Aufhebens gelassen? vom Stapel = PO
4. Was herrschte in Southampton? ein geschäftiges Treiben = S
Was verließ die Titanic? den Hafen = AO

AUFGABE 7 **S. 43**

In dieser Reihenfolge:
Badezimmer (AO) – von den eigenen Dienern (PO) – Dem Kapitän (DO) – Mit den anderen Gästen (PO) – den Abend (AO)

AUFGABE 8 **S. 44**

Lösungsvorschlag:
1. Wegen der schlechten Sicht / nachts / rief / der Kapitän / dem Ersten Offizier / auf der Brücke / hektisch / den Befehl / zu.
2. Kurz vor dem Untergang / gab / eine ältere Frau / an den Rettungsbooten / ihrem Ehemann / aus Angst um ihn / unter Tränen / einen Abschiedskuss.
3. Um 2.18 Uhr / konnte / ein Vater / seine Familie / wegen des großen Tumults / auf dem sinkenden Schiff / leider / nicht finden.
4. Später / entschwindet / das sinkende Schiff / wegen des einströmenden Wassers / mit einem ohrenbetäubenden Lärm / zwischen den Rettungsbooten / meinen Augen.
5. Fieberhaft / suchen / die Geretteten / bis zum Morgen / Überlebende / im eiskalten Wasser.

AUFGABE 9 **S. 44**

Lösungsvorschlag:
1. Überlebende errichteten ein Denkmal **für die Toten** (präpositionales Attribut).
2. Ihrer (Pronomen) Trauer konnten sie so Ausdruck verleihen.
3. Das Denkmal steht in Southampton, **dem Heimathafen der Titanic** (Apposition).
4. Viele (Zahlwort) Opfer stammten aus England.
5. Die Ingenieure **der Titanic** (Genitivattribut) lernten aus der **großen** (Adjektivattribut) Katastrophe.

AUFGABE 10 **S. 45**

1. Der Vesuv / Er wurde von den Bewohnern einer süditalienischen Stadt für einen erloschenen rätselhaften Vulkan gehalten.
2. Der Vesuv / Er brach am 24. August 79 n. Chr. mittags mit einem ohrenbetäubenden Knall aus.
3. Der Vesuv / Er begrub Menschen, Tiere und Gebäude mit Asche und Bimsstein.
4. Der Vesuv / Er hat über die Jahrhunderte seine Form verändert.
5. Der Vesuv / Er ist seit dem großen Ausbruch im Jahre 79 n. Chr. noch viele Male ausgebrochen.

AUFGABE 11 **S. 45**

Lösungsvorschlag:

Frage	Antwort	Weiteres Beispiel
wann?	im Jahre 79 n. Chr.	zur Zeit des Kaisers Augustus
wo?	in Italien	in einer kleinen Stadt
warum?	wegen der großen Hitze	wegen des Lärms
wie?	erschrocken	überrascht
wie?	voller Angst	entsetzt
wann?	um die Mittagszeit	mittags
wann?	später	früher
wo?	unter dem Triumphbogen	in den Thermen
wann?	im Laufe der Jahrhunderte	im Mittelalter

AUFGABE 12 S. 45

Lösungsvorschlag:
Im Jahre 79 n. Chr. brach in Italien der Vesuv aus. Die Menschen in Pompeji wurden um die Mittagszeit vom Ausbruch des Vulkans überrascht. Erschrocken und voller Angst blickten sie in die Richtung, aus der der starke Lärm kam. Im Laufe der Jahrhunderte ging die Erinnerung an die verschüttete Stadt verloren.

AUFGABE 13 S. 46

1. Über das Grauen von Pompeji machen sich die Menschen in unserer Zeit keine Gedanken mehr.
2. In ihrer größten Not glaubten die Menschen, im Tempel vor der Aschewolke geschützt zu sein.

AUFGABE 14 S. 46

Attribut: überraschten, kurzer
adverbiale Bestimmung: entsetzt, lange, interessiert

AUFGABE 15 S. 46

1. Die Einwohner Pompejis / brachten sich / im Tempel / in Sicherheit.
2. Die Kinder / blickten / ihren Eltern / entsetzt / in die Augen.
3. Die Räuber / kamen / nach dem Ausbruch des Vulkans / eilig / nach Pompeji.
4. Die Räuber / machten / schon nach kurzer Suche / reiche Beute / in Pompeji.

3 Rechtschreibung

ÜBUNG 1 S. 48

Sehr geehrte Damen und Herren,
wir, die Klasse 6 c, überlegen, ob **w**ir die nächste Klassenfahrt nach Trier machen. Als Klassensprecherin habe ich die Aufgabe übernommen, zu Ihnen Kontakt aufzunehmen und mich über Ihre Stadt zu informieren. Ich habe im Internet schon gesehen, dass **S**ie in den Monaten Juni und Juli zahlreiche Aktivitäten für Jugendliche anbieten. Wir hätten aber auch gerne eine Stadtführung von einem Profi. Können **S**ie uns jemanden empfehlen? Außerdem suchen wir noch ein geeignetes Quartier in der Stadt Trier oder **i**hrer Umgebung. Sicherlich haben **S**ie eine Liste, die **S**ie uns schicken können. Allerdings sollte **s**ie nur Unterkünfte beinhalten, die nicht weiter als 10 Kilometer vom Stadtzentrum entfernt liegen. Vielen Dank für **I**hre Mühe,
Anna Blum

ÜBUNG 2 S. 48

Seit Charlotte ihre neuen Inliner hat, zählt sie zu den **Glücklichsten** dieser Welt. Etwas **Schöneres** als über den Rollhockeyplatz zu fahren, kann sie sich nicht vorstellen, denn beim **Skaten** vergisst sie allen Ärger und kann sich richtig austoben. Zwar fällt ihr das **Bremsen** noch etwas schwer, aber im **Wenden** ist sie sicher. Darum ist sie auch als **Einzige** ihrer Klasse in die Rollhockeymannschaft der Schule aufgenommen worden. Jetzt ist es nichts **Ungewöhnliches**, dass Charlotte gleich nach dem Essen ihre Hausaufgaben erledigt, denn dann kann sie schnell zum **Üben** auf das Rollhockeyfeld, noch bevor das Training beginnt.

ÜBUNG 3 S. 49

Ich werde **m**orgens um 6.30 Uhr wach. Mein Bruder ist **s**chuld daran, dass ich nicht länger schlafen kann, weil er sich jeden **M**orgen mit lauter Musik, die dann im ganzen Haus zu hören ist, wecken lässt. Ein **p**aar Minuten später stehe ich dann auf, um ein **b**isschen Zeit im Bad zu haben. Jeden **M**ontag fährt meine Mutter mich zur Schule, weil sie auf ihrem Arbeitsweg liegt. **D**ienstags und **m**ittwochs fahre ich mit der Straßenbahn. An den anderen Tagen kann ich mit meinem Vater fahren. Zurück fahre ich **m**ittags mit dem Bus. Heute **M**ittag hat mich jedoch mein Vater abgeholt, weil er eher frei hatte. Nachdem ich die Hausaufgaben gemacht habe, schnappe ich mir das richtige **P**aar Schuhe und gehe zum Rudern. Manchmal kommt es vor, dass ich **n**achmittags keine Lust auf Hausaufgaben habe, dann mache ich sie erst **a**bends.

ÜBUNG 4 **S. 49**

1. Die Verspätung des Zuges ist **schuld** daran, dass ich den Anschluss verpasst habe. Der Zug war wegen des schlechten Wetters verspätet, den Lokführer traf keine **Schuld.**
2. Es gelang mir **dank** intensiven Trainings ein neuer Rekord. Für seine Unterstützung sage ich meinem Trainer herzlichen **Dank.**
3. Der Schulleiter hat **kraft** seines Amtes das Recht, Schülerinnen und Schüler vom Unterricht zu beurlauben. Mit großer **Kraft** setzt sich der Schulleiter dafür ein, dass es nicht so viel Unterrichtsausfall gibt.

ÜBUNG 5 **S. 50**

1. Gestern – Diktat – Vier
2. Meine – Tante – Du – Anrede – Kolleginnen – Kollegen
3. Diese – Frage – Vielleicht
4. Ihr – Leben – Aufs – Abs
5. Bei – Hochzeitsfeier – Luftballons
6. Für – Spiel – FC – Dutzend – Karten
7. Das – Ob – Wie – Klassenfahrt

ÜBUNG 6 **S. 50**

1. Berliner Reichstag
2. Kölner Dom
3. Wiener Schnitzel

ÜBUNG 7 **S. 52**

1. Wegen starken Seegangs geht das Schiff unter.
2. Leonie steht zu spät auf.
3. Die Wahlforscher sagen das Ergebnis voraus.
4. Lina steht ihrer besten Freundin bei der Prüfung bei.

ÜBUNG 8 **S. 52**

1. Wir sind sehr spät in der Eishalle angekommen.
2. Im ersten Spielabschnitt haben die Pinguine vorgelegt.
3. Aber im zweiten Drittel haben die Grizzlys gleichgezogen.
4. Am Ende ist dennoch ein deutlicher Sieg für die Pinguine herausgesprungen.

ÜBUNG 9 **S. 52**

1. getrennt
2. getrennt
3. zusammen
4. zusammen oder getrennt
5. zusammen
6. getrennt
7. zusammen
8. getrennt

ÜBUNG 10 **S. 52**

Ich habe letzte Woche einen ganz interessanten Menschen kennengelernt / kennen gelernt. Er erzählte mir, sein Vater sei taubstumm gewesen, sodass sie nur mithilfe / mit Hilfe der Gebärdensprache zueinander sprechen konnten. Schon mit drei Jahren habe er die allerwichtigsten Gebärden einsetzen können. Nach einiger Übung hätten sein Vater und er sich sehr gut verständigen können. Auch seine beiden Geschwister hätten auf diese Art sprechen lernen müssen. Ihm selbst hätten die Übungen so viel Freude gemacht, dass er auch versucht habe, rückwärts zu sprechen. Aber dabei sei nicht viel herausgekommen.

ÜBUNG 11 **S. 53**

1. verloren gegangen / verlorengegangen
2. verrücktgespielt
3. gereizt reagiert
4. angestrengt nachdenke
5. vergeblich bemühe

ÜBUNG 12 **S. 53**

1. Heute gehen wir mit der ganzen Klasse Schlittschuh laufen.
2. Amelie möchte heute Nachmittag Rad fahren.
3. Meine Schwester kann gut Schach spielen.
4. Lisas Mutter will noch schnell beim Bäcker Brötchen kaufen.

ÜBUNG 13 S. 54

Lösungsvorschlag:

1. Für das Schlittschuhlaufen hat sich die Mehrzahl der Schülerinnen und Schüler ausgesprochen.
2. Das Radfahren macht ihr große Freude.
3. Das Schachspielen ist ihr Hobby.
4. Das Brötchenkaufen ist schon ein tägliches Ritual.

ÜBUNG 14 S. 54

1. schönreden
2. schön reden
3. groß schreiben
4. großschreiben
5. frei sprechen
6. freisprechen
7. dichthalten
8. dicht halten

ÜBUNG 15 S. 56

1. Gestern habe ich mir von meiner Freundin ein Buch, **das** ich auch lesen wollte, ausgeliehen.
2. In dem Buch geht es um ein Mädchen, **das** gerade mit seinen Eltern umgezogen ist.
3. Beim Auspacken entdeckt sie das Tagebuch ihrer verstorbenen Oma, **das** sie schnell in ihr Badehandtuch steckt.
4. Erst einige Tage später holt sie das Buch, **das** sehr benutzt aussieht, wieder hervor.
5. Als Erstes schreibt ihre Oma von einem Abenteuer, **das** man kaum glauben kann.
6. Schließlich beschreibt ihre Oma ihr Elternhaus, **das** in der Heinestraße stand.

ÜBUNG 16 S. 56

Das Theaterstück, **das** die Schülerinnen und Schüler der Klassen 7 bis 10 gestern in der Aula der Sophie-Scholl-Schule aufführten und **das** zunächst auch ganz spannend war, wurde für die Zuschauer am Ende völlig langweilig, weil die jüngeren Darsteller **das** Stück offensichtlich nicht gut kannten und viele Fehler machten. Man sah ihnen oft an, **dass** sie sehr unsicher waren. Sicherlich hofften sie oft, **dass** der Vorhang bald wieder zugezogen würde. Außerdem goss der Kellner der Hauptdarstellerin **das** Wasser, **das** sie bestellt hatte, über das Kleid. **Dass das** erst kurz vor dem Ende des Stückes passierte, tröstete die Darstellerin auch nicht. Schließlich war sie so frustriert, **dass** sie einfach ihren Mantel anzog und meinte, **dass** es im Restaurant recht kühl sei. **Das** Publikum applaudierte hinterher eher aus Höflichkeit als vor Begeisterung.

ÜBUNG 17 S. 57

entkleiden – entfalten – entlaufen – entspiegeln / widerspiegeln – widersinnig – entlüften – entseuchen – widerrechtlich – widerwillig – entzaubern – enthüllen – entrollen – Widerspruch – entgiften – entmutigend – erwidern

ÜBUNG 18 S. 57

1. Seit; **2.** seid; **3.** seit; **4.** Seid; **5.** Seit; **6.** seid; **7.** Seid

ÜBUNG 19 S. 58

1. Niemand hätte vor 30 Jahren gedacht, **dass** der Computer heute zu fast jedem Haushalt gehört.
2. Das Leben der Menschen, **das** früher noch ein wenig ruhiger war, hat sich rasant verändert.
3. Vor 60 Jahren füllte das Gerät, **das** man Computer nannte, noch zwei Räume aus.
4. Heute sind die Computer für den alltäglichen Gebrauch so klein, **dass** sie in eine Aktentasche passen.
5. Viele Menschen wundern sich darüber, **dass** in einer Zeit, in der die Preise steigen, die Computer immer günstiger werden.
6. Aber die Fähigkeiten des menschlichen Gehirns, **das** viel leistungsfähiger ist, wird der Computer wohl nie erreichen.

ÜBUNG 20 S. 58

Niemand hätte damit gerechnet, **dass** die Titanic, **das** größte Luxusschiff seiner Zeit, einmal sinken würde. Als sie 1912 endlich aus dem Hafen auslief, verließ man sich auf die weitverbreitete Annahme, **dass** sie unsinkbar sei. Es **ent**sprach dem Denken der Zeit, **dass** die Menschen sich für unfehlbar hielten. **Seit** der Erfindung der Dampfschiffe glaubten alle, **dass** das Reisen auf dem Meer immer sicherer würde. **End**lose und ungewisse Reisen wurden nun planbar. Niemand hörte auf die Schiffbauer, die immer wieder warnten: „**Seid** vorsichtig!" Das Meer, **das** die Menschen schon immer begeisterte, war für sie nun ein Verkehrsweg wie jeder andere. **Ent**gegen allen Voraussagen kam es dann jedoch zu einem so fürchterlichen Unfall. **Seit** seinem Sinken liegt der Schiffsriese in 3800 Metern Tiefe. Er ist ein Wrack, **das** Forscher und Andenkensammler gleichzeitig anzieht. **Dass** die Titanic jemals gehoben wird, ist sehr unwahrscheinlich.

Klassenarbeiten

AUFGABE 1 S. 59

1. die Bildung
2. die Frechheit
3. die Blindheit
4. die Faulheit
5. die Herrschaft
6. die Meisterschaft
7. das Christentum
8. der Reichtum
9. die Munterkeit
10. die Tapferkeit
11. die Eitelkeit
12. die Entscheidung
13. das Geheimnis
14. das Eigentum
15. die Ehrlichkeit
16. das Versäumnis
17. die Fahndung

AUFGABE 2 S. 60

Der **L**eutnant von **L**euten befahl seinen **L**euten nicht eher zu läuten, bis der **L**eutnant von **L**euten seinen **L**euten das **L**äuten befahl.

AUFGABE 3 S. 60

dabei sein – aufeinandertreffen – schiedsrichtern – Fußball spielen – hinterherlaufen – kennenlernen / kennen lernen

AUFGABE 4 S. 60

Endlich haben wir die Karten! Völlig **ent**nervt haben wir mehrere Stunden Schlange gestanden. Das **End**ergebnis sind zwei Konzertkarten und zwei **ent**nervte Gesichter. An der **end**losen Warteschlange sind immer wieder Menschen mit **ent**geistertem Blick **ent**langgelaufen. **Ent**gegen allen Voraussagen hat es jedoch nicht geregnet. Zwischendurch hat sich meine Freundin aus der Schlange **ent**fernt, um etwas zu essen zu holen. Erst nach einer Stunde hat sie eine Pommesbude **ent**deckt und ist glücklich zurückgekommen. Allerdings waren die Pommes, als sie **end**lich bei mir ankamen, schon kalt. Deshalb war ich etwas **ent**täuscht. Völlig **ent**setzt war ich jedoch über den Preis: 3,50 €! Für das Geld bekomme ich in der Imbissbude, die an der **End**haltestelle meiner Straßenbahnlinie steht, mindestens das Doppelte.

AUFGABE 5 S. 61

Darf da**s** da**s**? – Ja, da**s** darf da**s**! –
Da**ss** da**s** da**s** darf!

AUFGABE 7 S. 62

1. Das befahren des schulhofs ist während der unterrichtszeit nicht gestattet.
2. Es ist verboten, auf der wiesenfläche vor der turnhalle zu picknicken.
3. Nach dem ende des unterrichts darf der parkplatz von den anliegern genutzt werden, da dann die unfallgefahr am geringsten ist.
4. Den schülern ist das betreten des klassenraumes erst mit dem klingeln gestattet. Der klassenlehrer öffnet und schließt den raum.

5. Während <u>des unterrichts</u> sind <u>das essen</u> und <u>das trinken</u> verboten.
6. <u>Im sportunterricht</u> müssen <u>die schüler</u> auf <u>den schwächsten</u> achten.

AUFGABE 8 **S. 62**

1. Das erste Klingeln ist ein Zeichen dafür, **dass** der Unterricht in fünf Minuten losgeht und **dass** alle Schülerinnen und Schüler, aber auch die Lehrerinnen und Lehrer sich in **das** Klassenzimmer begeben sollen.
2. Das Klassenzimmer, **das** erst vor wenigen Monaten renoviert worden ist, sieht schon wieder schmuddelig aus.
3. Das Hauptproblem, **das** viele Schülerinnen und Schüler sowie Eltern und Lehrerinnen und Lehrer beklagen, ist, **dass** die Klassen zu groß sind.
4. Dass jemand glaubt, **dass** die Schulzeitverkürzung dazu führt, **dass** die Schülerinnen und Schüler am Ende besser ausgebildet sind, **das** kann ich nicht verstehen.
5. Dass die Schülerinnen und Schüler nicht nur Wissen anhäufen sollen, sondern auch lernen sollen, friedlich und gewaltfrei miteinander umzugehen, **das** ist eine wichtige Forderung an die Schulen.

AUFGABE 9 **S. 63**

zahlreichen Mitschülern – kleinere Konflikte – heftigen Streitigkeiten – besonders ausgebildete Streitschlichter – aufs Beste / beste – zwei Streitende – ohne fremde Hilfe – das Für und Wider – ein paar Fragen zur Klärung des Sachverhalts – für niemanden Partei – Das Wichtigste an der Streitschlichtung – die beiden Streithähne – guten und von den zweien anerkannten Lösung

AUFGABE 10 **S. 63**

Heute **Vormittag** kamen zwei Kinder aus der 6. Klasse ins Streitschlichterbüro. Maya warf Paul vor, mit Absicht ihr Lineal **zerbrochen zu haben.** Paul wehrte sich mit einigen **Beschimpfungen.** Es wurde aber schnell klar, **dass** auch Maya an dem Vorfall **schuld** war. Sie hatte **morgens** bei der Lehrerin gepetzt, **dass** Paul kein **bisschen** für die Mathe-Hausaufgaben getan hatte. **Sie waren** von ihm am frühen **Morgen flugs** im Bus erledigt worden. Pia, die **erfahrene** Streitschlichterin, konnte **dazu beitragen, dass** Maya die Auseinandersetzung mit ihrem **Klassenkameraden** schnell **beilegen** konnte. Paul kaufte ein neues Lineal und Maya, die in Mathe besonders **gut ist,** verpflichtete sich, Paul zweimal / zwei Mal bei den **Hausaufgaben** zu helfen.

AUFGABE 11 **S. 64**

großschreiben – überdenken – kürzertreten – schwarzsehen – krankschreiben – weismachen – langweilen

AUFGABE 12 **S. 64**

Zwillinge: In der Famil**i**e werden schw**ie**r**i**ge Zeiten auf **S**ie zukommen. E**s** **is**t toll, da**ss** **Ih**r Partner e**s** mit **Ih**nen gut meint. Aber andere Fam**i**l**i**enmitgl**ie**der haben **Ih**r Vertrauen mi**ss**braucht und w**i**cht**i**ge Informationen vor **Ih**nen geheim gehalten.
Jungfrau: S**ie** werden **Ih**ren Traumjob f**i**nden! Sie mü**ss**en nur noch zugreifen! Wenn **S**ie nicht zu mi**ss**mutig in da**s** Vorstellungsgespräch gehen, ist e**s** sehr wahrscheinlich, da**ss** **S**ie **s**ich die Stelle s**i**chern können. Und da**s** **is**t gut, denn **Ih**r neuer Arbeitgeber **is**t eine Top-Adre**ss**e.

AUFGABE 13 **S. 65**

1. ... wenn Sie der Versuchung **widerstehen,** alles auf einmal erreichen zu wollen, werden Sie schon bald **wieder stehen.**
2. Wenn Sie Ihrem Chef ständig **widersprechen,** wird er Sie schon bald **wieder sprechen** wollen, um ...
3. Bald schon wird der Sturm sich **wieder legen,** das Glück ... wird Ihre schlimmsten Befürchtungen **widerlegen.**

AUFGABE 14 **S. 65**

Waage: Jetzt kann es endlich mit der Diät losgehen. Niemand wird Sie bloßstellen. Vielmehr werden Sie von allen für Ihren Mut angesehen. Die größten Schwierigkeiten werden nach drei Wochen auftreten, wenn Sie aufgeben wollen. Sie werden durchhalten und es allen zeigen!

Skorpion: Einen großen Lottogewinn kann ich Ihnen zwar nicht voraussagen, Sie werden aber Ihre Traumfrau oder Ihren Traummann kennen lernen / kennenlernen. Wenn Sie sich auf diese Fügung des Schicksals einstellen, werden Sie bei Ihrem nächsten Rendezvous schon nicht baden gehen.
Schütze: Wenn Sie gerne an Verlosungen teilnehmen, können Sie diese Woche getrost eine größere Summe einsetzen. Ihr Tipp wird schon nicht fehlschlagen. Überlegen Sie aber gut, was sie mit dem Gewinn anfangen wollen, damit es am Ende nicht heißt: wie gewonnen, so zerronnen!

4 Zeichensetzung

ÜBUNG 1 **S. 68**
1. Gestern haben wir unser Auto gepackt, und **morgen fahren wir in den Urlaub nach Frankreich.**
2. Im Urlaub werden wir in einem kleinen Dorf wohnen, weil wir das mehr mögen als Großstädte.
3. Wir werden über eine schmale und nicht sehr gut ausgebaute Straße fahren, die direkt an der Küste verläuft.
4. Während unseres Urlaubs werden wir sicher viel im Meer baden, natürlich werden wir unseren Nachbarn auch eine Postkarte schreiben.
5. Sie kümmern sich während unserer Abwesenheit um das Haus und die Blumen, und **sie leeren täglich den Briefkasten aus.**
6. Wenn wir dann zurückkommen, **gibt es immer ein kleines Fest,** bei dem wir die mitgebrachten Spezialitäten aus unserem Urlaubsland gemeinsam verspeisen.

ÜBUNG 2 **S. 68**
Satzreihe: 1, 4, 6
Satzgefüge: 2, 3, 5

ÜBUNG 3 **S. 69**
1. Am Schulsportfest nehmen alle Klassen teil, die Schülerinnen der Jahrgangsstufen 11 und 12 werden in Gruppen aufgeteilt.
2. Für jede Gruppe ist eine Lehrperson zuständig, denn die Ergebnisse sollen korrekt auf den Leistungsbögen eingetragen werden.
3. Hoffentlich scheint die Sonne, aber das Sportfest findet auch bei kurzen Regenschauern statt.
4. Zum Staffellauf versammeln sich alle an dem großen Rasenplatz(,) und die Schülerinnen und Schüler der unteren Klassen beginnen den Wettkampf.
5. Aus jeder Klasse dürfen nur acht Schülerinnen und Schüler teilnehmen, aber der jüngste Schüler und die älteste Schülerin sollten auf jeden Fall dabei sein.
6. Die älteren Schülerinnen und Schüler treten zu einem Hürdenlauf an(,) oder sie nehmen an einem Langstreckenlauf teil.

ÜBUNG 4 **S. 69**
1. Im Sommer darf ich mit meiner Jugendgruppe eine Bergtour machen, obwohl meine Eltern erst nicht von dieser Idee begeistert waren.
2. Unsere Begleiter aber konnten meine Eltern überzeugen, weil sie die Tour schon einmal gemacht hatten.
3. Nach dem Elternabend, an dem sie die schönsten Bilder gezeigt hatten, wäre mein Vater auch gern als Betreuer mitgefahren.
4. Ich freue mich sehr auf die Tour, weil alle meine Freunde auch mitfahren.

ÜBUNG 5 **S. 70**
Lösungsvorschlag:
1. Wenn die Sonne scheint, geht Henry ins Freibad.
2. Weil es viele Angebote gab, hat Henry eingekauft.
3. Henry hat eifrig trainiert, sodass er viele Kilos abgenommen hat.
4. Obwohl es sehr stark regnet, läuft Henry durch den Wald.

ÜBUNG 6 **S. 70**

Wenn ich in den Urlaub fahre, möchte ich auch gern meinen Hund mitnehmen. Im Zug, danach habe ich mich schon erkundigt, kann er umsonst mitreisen, weil er ja keinen Sitzplatz benötigt. Wenn wir aber ins Ausland fahren wollen, gibt es einige Regeln zu beachten. In einigen Ländern muss das Tier besonders geimpft worden sein, damit es einreisen darf. In manchen Hotels fühlen sich die Gäste von mitreisenden Hunden gestört, aber es gibt auch Ferienanlagen, die sich auf Familien mit Haustieren eingestellt haben. Es gibt dort zum Beispiel Hundekörbchen auf den Zimmern und oft auch ein eigenes Restaurant für die Hunde. Dass es in manchen Anlagen auch einen Hundefriseur gibt, versteht sich von selbst.

ÜBUNG 7 **S. 72**

1. Auf dem Markt, **der** jede Woche stattfindet, kann man ...
2. Viele Kundinnen und Kunden, **die** sonst nur im Supermarkt einkaufen, schätzen auch ...
3. Am besten kommen diejenigen Verkäuferinnen und Verkäufer an, **die** zu ihren Waren auch noch ein paar Zubereitungstipps geben.
4. Das Gemüse, **das** auf dem Markt angeboten wird, ist ...
5. Es gibt auch noch einen Stand, **an dem** man leckeren Backfisch kaufen kann.
6. Auch eine Bude, **an der** im Sommer Bier und Limonade ... angeboten werden, befindet sich dort.
7. Viele Leute, **die** zum Markt kommen, schätzen ...

ÜBUNG 8 **S. 72**

Lösungsvorschlag:
1. Ich sehe eine Frau, **deren** Haar lila ist.
2. Man kann eine Frau sehen, **die** einen riesigen Kürbis anbietet.
3. Auf dem Bild sieht man einen Mann, **dessen** Hose ein großes Loch hat.
4. Das Bild zeigt einen kleinen Jungen, **der** gerade eine Banane geschenkt bekommt.
5. Abgebildet ist ein Mann, **der** zwei schwere Taschen trägt.
6. Auf diesem Bild ist ein Mädchen, **das** auf den Händen läuft, dargestellt.

ÜBUNG 9 **S. 73**

Lösungsvorschlag:
1. Die Marktleute, **die** schon morgens um 5 Uhr zum Großmarkt müssen, stehen sehr früh auf.
2. Die Verkäuferinnen und Verkäufer, **die** bei Wind und Wetter an ihren Marktständen stehen, haben einen anstrengenden Beruf.
3. Herr Schmoll, **der** Geld sparen will, geht immer erst kurz vor Schluss auf den Markt, weil er die Waren dann billiger bekommt.
4. Frau Krause, **die** besonders gesundheitsbewusst ist, kauft immer nur beim Biobauern.
5. Für manche, **die** dort Bekannte treffen, ist der Einkauf auf dem Markt auch eine willkommene Gelegenheit zu einem Schwätzchen.

ÜBUNG 10 **S. 73**

1. Viele Kunden bevorzugen Waren, **die aus ihrer Region stammen.**
2. Eine besondere Delikatesse ist der Spargel, **der aus Bornheim kommt.**
3. Herr Schmoll, **der der Koch vom Rheinischen Hof ist,** erfindet immer wieder neue Spargelrezepte.
4. Damit erfreut er seine Gäste, **die sehr anspruchsvoll sind.**

ÜBUNG 11 **S. 73**

1. Nominativ Singular Neutrum
2. Dativ Plural Maskulinum
3. Akkusativ Singular Maskulinum

ÜBUNG 12 **S. 75**

Entscheidungsfrage: 2, 4, 5
Ergänzungsfrage: 1, 3, 6

ÜBUNG 13 **S. 75**

1. Pia möchte wissen, **wie viele** Züge täglich nach Mannheim fahren.
2. Sie hat auch gefragt, **ob** noch einer nach 23 Uhr fährt.

3. Henrik geht zum Schalter und fragt, **wie viel** die einfache Fahrt nach Ludwigshafen kostet.
4. Weil er noch nicht weiß, **ob** er am selben Tag zurückfahren wird, fragt er, **ob** eine Rückfahrkarte wesentlich billiger ist.
5. Außerdem möchte er gerne erfahren, **ob** es auch ein Tagesticket gibt, mit dem er den ganzen Tag herumfahren kann.
6. Er erkundigt sich auch danach, **wie viel** das kostet.

ÜBUNG 14 **S. 76**

1. Maja fragt, wie sie von der Fußgängerzone zum Hauptbahnhof kommt.
2. Kira fragt ihre Mutter, ob sie ihr Geld für die Fahrkarte geben kann.
3. Ob heute noch ein Zug nach Düsseldorf fährt, danach erkundigt sich Jan.
4. Auf welchem Gleis der Zug nach Gera fährt, möchte Kai wissen.
5. Max fragt, wo der Fahrkartenautomat ist.
6. Maike grübelt, ob sie auch genug Kleingeld für das Ticket hat.

ÜBUNG 15 **S. 76**

1. Yannik erkundigt sich danach, wann der Zug abfährt.
2. Tim will herausfinden, wie lange die Bahnfahrt dauert.
3. Laura interessiert sich dafür, welche Höchstgeschwindigkeit der Zug erreichen kann.
4. David fragt danach, was ein Zugbegleiter genau tun muss.
5. Niklas möchte wissen, was zur Ausbildung eines Lokführers gehört.

ÜBUNG 16 **S. 76**

Es gibt viele Dinge, die man bei einer Bahnreise beachten muss. Zunächst gilt es natürlich herauszufinden**,** wann die genaue Abfahrtszeit des Zuges ist. Auch sollte man sich darüber informieren**,** wie lange die Bahnfahrt dauert und wie oft man umsteigen muss. Ob es für die geplante Fahrt ein günstiges Sparangebot gibt**,** ist natürlich auch nicht ganz unwichtig. Außerdem sollte man sich auch darüber im Klaren sein**,** in welcher Klasse man reisen will.

ÜBUNG 17 **S. 79**

1. weil; **2.** da; **3.** Während; **4.** Als; **5.** sodass; **6.** Obwohl; **7.** damit; **8.** Wenn; **9.** indem; **10.** Falls

ÜBUNG 18 **S. 79**

Temporalsatz: 3, 4
Kausalsatz: 1, 2
Finalsatz: 7
Modalsatz: 9
Konsekutivsatz: 5
Konzessivsatz: 6
Konditionalsatz: 8, 10

ÜBUNG 19 **S. 80**

Leon und Ole stehen heute Morgen schon früh auf, weil sie zum Angeln gehen wollen. Als sie am Ufer des Sees ankommen, ist es dort noch stockdunkel und mucksmäuschenstill. Sie holen ihre Angeln und Köder aus ihren Taschen, damit sie, noch bevor sie durch die vielen Spaziergänger gestört werden, ihren Fang machen können. Weil die beiden geübte Angler sind, fällt ihnen das Stillsitzen und stundenlange Warten nicht schwer. Ein besonders schöner Moment ist es jedes Mal, wenn am Horizont langsam die Sonne aufgeht.

ÜBUNG 20 **S. 80**

Wenn wir in den Urlaub fahren**,** ist meine kleine Schwester in der Nacht vorher immer schon aufgeregt. Nachdem wir in den letzten beiden Jahren ziemlich genervt waren**,** haben wir meiner kleinen Schwester gar nicht gesagt, dass wir schon am frühen Samstagmorgen losfahren werden. Wir haben sie zu einer Freundin gebracht**,** damit wir in aller Ruhe packen konnten. Meine Schwester wäre wahrscheinlich niemals gegangen**,** wenn sie unseren Plan gekannt hätte. Wir haben für sie alle ihre Badeanzüge eingepackt**,** sodass sie im Urlaub reichlich Auswahl hat. Weil sie auch gerne auf ihrer Luftmatratze im Wasser liegt**,** habe ich auch diese noch in ihren Koffer gequetscht. Als sie am Abend wiederkam**,** stand das Auto fertig gepackt in der Garage. Meine Schwester hat wirklich nichts gemerkt**,** obwohl wir schon alle

Blumen zur Oma gebracht hatten. Bei der Autofahrt hat sie dann gesagt, dass ihr manches ein bisschen komisch vorgekommen sei und dass wir im nächsten Jahr nicht noch einmal versuchen sollten(,) sie zu überlisten.

ÜBUNG 21 **S. 81**

1. Weil wir 700 km mit dem Auto fahren müssen, dauert die Fahrt nach Dänemark ziemlich lange.
2. Wir wollen schon nachts losfahren, damit wir die Staus umgehen können.
3. Obwohl mein Vater für jeden mindestens fünf Brötchen macht, kommen wir hungrig am Ziel an.
4. Meine kleine Schwester nimmt gern ihr Kopfkissen mit, damit sie noch ein wenig im Auto schlafen kann.
5. Ich packe immer meinen MP3-Player ein, falls ich unterwegs mal ein bisschen Musik hören möchte.
6. Weil meine Mutter die bessere Kartenleserin ist, ist sie zum Schluss immer die Beifahrerin.
7. Nachdem wir das Auto ausgepackt haben, fahren wir zum Strand.
8. Abends rufen wir unsere Oma an, damit sie weiß, dass wir gut angekommen sind.

ÜBUNG 22 **S. 81**

Lösungsvorschlag:
2. Wenn die Sonne scheint, machen wir eine Radtour. (Konditionalsatz)
3. Weil die Ampeln ausgefallen sind, gibt es ein Verkehrschaos am Berliner Ring. (Kausalsatz)
4. Man kann, indem man sich gezielt vorbereitet, ein gutes Ergebnis erzielen. (Modalsatz)

Klassenarbeiten

AUFGABE 1 **S. 82**

Heute hat Hanifa Geburtstag, Hanifas Großeltern kommen, um zu gratulieren. Sie haben ein riesengroßes Paket mitgebracht, aber es scheint nicht besonders schwer zu sein. Hanifa hatte sich einen knallroten aufblasbaren Plastiksessel für ihr Zimmer gewünscht(,) und voller Hoffnung und Vorfreude packt sie jetzt das Paket ihrer Großeltern aus. Im Paket befindet sich tatsächlich der Plastiksessel, Hanifa ist überglücklich und lässt sich mit vollem Schwung auf ihr neues Sitzmöbel fallen.

AUFGABE 2 **S. 82**

1. Als wir angekommen waren, zeigte uns der Portier unsere Zimmer.
Nebensatz, Hauptsatz.

2. Unser Zimmer, das einen fantastischen Meerblick hatte, lag im dritten Stock.
Hauptsatz, Nebensatz, Hauptsatz.

3. Das Restaurant, in dem wir gefrühstückt und zu Mittag gegessen haben, war immer gut besucht.
Hauptsatz, Nebensatz, Hauptsatz.

4. Dass manche Gäste gemeckert haben, weil ihnen das Essen nicht schmeckte, kann ich nicht verstehen.
Nebensatz, Nebensatz, Hauptsatz.

5. Wir werden, wenn sich die Gelegenheit ergibt, im nächsten Jahr wieder in dieses Hotel fahren.
Hauptsatz, Nebensatz, Hauptsatz.

AUFGABE 3 **S. 83**

nebenordnende Konjunktionen: aber – denn – entweder – oder – und
unterordnende Konjunktionen: als – dass – indem – nachdem – weil – wenn

AUFGABE 4 **S. 83**

1. Nele fragt, was es zu essen gibt, wann das Essen fertig ist und ob sie eine Freundin mitbringen darf.
2. Anna möchte wissen, ob sie bald mal wieder mit der ganzen Familie in den Zoo gehen und ob sie dann auch Sophie mitnehmen können.
3. Ben erkundigt sich, wo sein nächstes Auswärtsspiel stattfindet, ob sich genug Eltern als Fahrer gefunden haben und wann sie wieder zurück sein werden.
4. Marie befragt ihre Mutter, wohin sie im nächsten Sommerurlaub fahren werden und ob sie mit dem Auto oder mit dem Flugzeug reisen werden.
5. Kim fragt, ob sie abends noch ein wenig fernsehen darf.

AUFGABE 5 **S. 83**

Lösungsvorschlag:
1. Annika schlägt eine Klassenfahrt nach Österreich vor, **weil** sie gerne Ski fährt. (Kausalsatz)
2. Obwohl unser Klassenlehrer nichts dagegen hat, sagt er, dass es nicht zu teuer werden darf. (Konzessivsatz)
3. Wir müssen rechtzeitig buchen, **damit** wir ein günstiges Ticket bekommen. (Finalsatz)
4. Wir könnten uns auch selbst verpflegen, **sodass** die Kosten geringer würden. (Konsekutivsatz)
5. Nachdem wir in der Klasse alles besprochen haben, reden wir mit unseren Eltern. (Temporalsatz)

AUFGABE 6 **S. 84**

Satzreihen: Jonas geht in die Arbeitsgemeinschaft, sein Bruder isst in der Zeit zu Mittag. – Benedikt beeilt sich heute mit den Hausaufgaben, er möchte möglichst schnell mit seinem Freund Ole spielen. – Übermorgen müssen wir schon um 7.50 Uhr am Bahnhof sein, unser Zug fährt pünktlich um 8.00 Uhr ab.
Satzgefüge: Dass Lea einmal so gut mit negativen Zahlen rechnen kann, hätte sie sich im 5. Schuljahr noch nicht vorstellen können. – Obwohl die Sportlehrerin am Fuß operiert worden ist, erteilt sie dennoch Sportunterricht in der 6c. – Nachdem Jette Englisch als erste Fremdsprache gewählt hatte, entschied sie sich dann für Französisch. – Sophie fährt morgen nicht mit ins Museum, weil sie unbedingt an der Orchesterprobe teilnehmen will.

AUFGABE 7 **S. 84**

1. Sophie, die gerne zum Gitarrenunterricht geht, übt vor allem Weihnachtslieder.
2. Alan fährt gerne mit seinem neuen Fahrrad, das eine gute Gangschaltung mit 27 Gängen hat.
3. Benedikt freut sich auf das große Trampolin, das morgen geliefert wird.
4. Unser neuer Mitschüler, der gestern in unsere Klasse gekommen ist, hat sich gleich gut eingelebt.
5. Viele Eltern, die selbst nicht immer Vorzeigezeugnisse hatten, erwarten von ihren Kindern gute Noten.
6. Fynn geht mit seinen Freunden zum Bundesligaspiel, das im Borussen-Stadion stattfindet.
7. Einmal im Monat besuche ich das Spaßbad, in dem es vier verschiedene Röhrenrutschen gibt.

AUFGABE 8 **S. 85**

1. Pia fragt sich, ob wohl alle nach der Schule so müde sind wie sie.
2. Lea möchte von ihren Eltern wissen, wann sie heute nach Hause kommen.
3. Liv fragt ihren Lehrer, ob sie als zweite Fremdsprache Spanisch wählen soll.
4. Kevin erkundigt sich bei einem älteren Herrn, wo es das nächste Schnellrestaurant gibt.
5. Niklas fragt bei der Hotline, ob es noch Karten für das Bundesligaspiel gibt.

AUFGABE 9 **S. 85**

1. Jasmin bekommt von ihrer Mutter 5 €, **damit** sie sich etwas zu essen kaufen kann.
2. Lisa übt lange für den Mathetest, **damit** sie morgen eine gute Arbeit schreibt.
3. Während Luca Hausaufgaben macht, hört er immer Musik.
4. Lennart kennt alle europäischen Vogelarten, **weil (da)** er gerne Vogelbücher liest.

5. Lukas kippelt wieder mit dem Stuhl, **obwohl** er schon oft umgefallen ist.
6. Obwohl Lea ständig die Vokabeln wiederholt, bleiben sie ihr nicht im Gedächtnis.
7. Luisa lernt am besten, **indem** sie anderen etwas erklärt.
8. Wenn Leo abends zeitig ins Bett geht, ist er morgens viel aufmerksamer in der Schule.
9. Luis hat schon viel geübt, **sodass** er kaum noch Zeichensetzungsfehler macht.
10. Falls (Wenn) es regnet, entfällt das Fest.

AUFGABE 10 **S. 86**
2. Satzreihe: Lea nervt ihre größeren Geschwister oft während der Autofahrt, aber sie gibt ihnen manchmal von ihren Kaugummis ab.
Satzgefüge: Lea nervt ihre größeren Geschwister oft während der Autofahrt, obwohl sie ihnen manchmal von ihren Kaugummis abgibt.
3. Satzreihe: Paula trägt am liebsten sportliche Freizeitkleidung(,) und Alina macht sich gerne schick.
Satzgefüge: Paula trägt am liebsten sportliche Freizeitkleidung, während Alina sich gerne schick macht.
4. Satzreihe: Ole hat den 5000-Meter-Lauf gewonnen und hat sich so für die Stadtmeisterschaften qualifiziert.
Satzgefüge: Ole hat den 5000-Meter-Lauf gewonnen, sodass er sich für die Stadtmeisterschaften qualifiziert hat.

5 Berichten

ÜBUNG 1 **S. 88**
Berichten bedeutet, über einen Vorgang, ein Geschehen, eine Handlung sachlich und sprachlich klar und eindeutig zu informieren.

ÜBUNG 2 **S. 88**
Wer? Angelina
Was? Sieg bei den Stadtmeisterschaften im Skateboardfahren
Wann? am vergangenen Samstagnachmittag
Wo? auf dem Parcours an der Stadthalle
Wie? mit großem Vorsprung
Warum? weil sie die größten Schwierigkeiten fast fehlerfrei bewältigen konnte
Welche Folgen? Teilnahme an der Kreismeisterschaft

ÜBUNG 3 **S. 88**
Lösungsvorschlag:
Angelina errang am vergangenen Samstagnachmittag mit großem Vorsprung den Sieg bei den Stadtmeisterschaften im Skateboardfahren. Auf dem anspruchsvollen Parcours an der Stadthalle konnte sie selbst die größten Schwierigkeiten fast fehlerfrei bewältigen und darf nun an der Kreismeisterschaft teilnehmen.

ÜBUNG 4 **S. 89**
1. Wer? Tausende Zuhörerinnen und Zuhörer, Jugendband „Sensationelle Sechs“
Was? Konzert, tolle Stimmung
Wann? keine Antwort
Wo? keine Antwort
Wie? mit alten Hits und neuen Titeln
Warum? keine Antwort
Welche Folgen? gute Stimmung bis zum Ende
2. Wer? der sympathische Athlet, aber kein Name
Was? Rekord, aber keine Angabe zur Sportart
Wann? gestern
Wo? Sportfest im Donaustadion
Wie? mit einem tollen Schlussspurt
Warum? mehrere Wochen trainiert
Welche Folgen? Qualifikation für die Europameisterschaften

ÜBUNG 5 **S. 89**
Lösungsvorschlag:
1. Tausende, zumeist jugendliche Zuhörerinnen und Zuhörer waren hellauf begeistert beim Konzert der „Sensationellen Sechs“**, das gestern in der ausverkauften Stadthalle stattfand.** Der Jugendband**, die seit einigen Wochen auf Tournee ist,** gelang es sehr schnell, die Stimmung sowohl mit alten Hits als auch mit neuen Titeln anzuheizen. Auch als das Konzert nach zweieinhalb Stunden zu Ende ging, war die Stimmung noch riesig.

2. Holger Mahler (TSV Milbertshofen) gewann mit persönlicher Bestleistung. Dem sympathischen Athleten gelang beim gestrigen Sportfest im Donaustadion ein großartiger Rekord **im 3000-Meter-Hindernisrennen.** Mit einem tollen Schlussspurt ließ er das gesamte Feld hinter sich. Durch diese hervorragende Leistung hat er sich für die Europameisterschaften in Lissabon qualifiziert. Mehrere Wochen hatte er für diese Höchstleistung trainiert.

ÜBUNG 6 **S. 91**

Einleitung: 1, 3, 6, 9
Hauptteil: 2, 7, 8, 10
Schluss: 4, 5

ÜBUNG 7 **S. 91**

Welpe: Absätze nach „... retten." und „... verwehrt worden."
Marzipankartoffeln: Absätze nach „... gestohlen." und „... einbringen."

ÜBUNG 8 **S. 92**

Diebe erbeuteten wertvolle Digitalkameras
Samstag, 14. Januar, gegen 19.40 Uhr – Einbruch in einen Supermarkt – Schillerstraße – eine etwa 25-jährige Frau und ihr etwa 18-jähriger Komplize – Tür und alle Kassen aufgebrochen – kein Bargeld in den Kassen – zwei wertvolle Digitalkameras erbeutet – sandfarbenes Sweatshirt, schwarze Jeans, helle Turnschuhe – dunkelgrünes Kapuzenshirt, stark verwaschene Bluejeans – mit grünem Kombi geflüchtet.

Riesenstimmung im Kaiserpalast
zur Neueröffnung des völlig umgebauten Kaiserpalastes – am Samstagabend – Konzert der Boygroup „Route 55" – 4800 begeisterte Jugendliche – alle eigenen Hits sowie Coverversionen von Uralt-Oldies – Höhepunkt der Stimmung ihr Riesenhit „Without You" – Gerüchte über die bevorstehende Auflösung der Band – Traurigkeit, vor allem bei den vielen weiblichen Fans

ÜBUNG 9 **S. 92**

siehe Übung 8

ÜBUNG 10 **S. 92**

Diebe erbeuteten wertvolle Digitalkameras
Am Samstag, dem 14. Januar, gegen 19.40 Uhr wurde der Supermarkt in der Schillerstraße überfallen. Eine etwa 25-jährige Frau und ihr etwa 18 Jahre alter Komplize brachen zunächst die Eingangstür und später dann alle Kassen des Supermarkts auf. Da sich aber in den Kassen kein Bargeld befand, bedienten sich die Einbrecher am Tisch mit den Aktionswaren und erbeuteten zwei wertvolle Digitalkameras. Augenzeugen berichteten, dass die junge Frau ein sandfarbenes Sweatshirt sowie schwarze Jeans und helle Turnschuhe trug, ihr jugendlicher Komplize trug ein dunkelgrünes Kapuzenshirt und stark verwaschene Bluejeans. Sie flüchteten mit einem grünen Kombi.

Riesenstimmung im Kaiserpalast
Zur Neueröffnung des völlig umgebauten Kaiserpalastes spielte am Samstagabend die Boygroup „Route 55". 4800 Jugendliche gingen begeistert mit, als die Band alle eigenen Hits sowie Coverversionen von Uralt-Oldies vortrug. Der Höhepunkt der Stimmung war erreicht, als die fünf Musiker ihren Riesenhit „Without You" anstimmten. Gerüchte über die bevorstehende Auflösung der Gruppe stimmten aber am Ende des Abends vor allem die vielen weiblichen Fans sehr traurig.

ÜBUNG 11 **S. 93**

Die gekürzten Texte lauten:
Hannah Fridrichs mit persönlicher Bestleistung
(Meinerzhagen) Bei den gestrigen Leichtathletik-Stadtmeisterschaften konnte die talentierte Nachwuchsathletin Hannah Fridrichs die Weitsprungkonkurrenz mit großem Vorsprung für sich entscheiden. Im letzten Versuch des Finales kam sie zu einer neuen persönlichen Bestleistung von 5,38 m und ließ ihre größten Konkurrentinnen damit um mehr als einen halben Meter hinter sich.

Kantersieg für den VfB
(Halver) In Torlaune zeigten sich gestern die Spieler des VfB, die die zweite Mannschaft des Lokalrivalen mit 8 : 1 besiegen konnten. Mittel-

stürmer Daniel Frings eröffnete bereits in der dritten Spielminute den Torreigen. Bei seinem aus kurzer Torentfernung abgegebenen Volleyschuss war der gegnerische Torhüter ohne Abwehrchance. Erneut Frings (17./32.) sowie Yüksel (24.) und Gökay (42.) sorgten schon zur Halbzeit für eine beruhigende Führung. In der zweiten Spielhälfte schaltete die Elf von Trainer Schmoll einen Gang zurück, kam aber durch den eingewechselten Mager (58./72.) und erneut Gökay (84.) noch zu weiteren Treffern. Das Ehrentor resultierte aus einem Foulelfmeter, den Wenzel, der Torhüter der Gäste, sicher verwandeln konnte.

Sportausschuss berät über neue Nutzungsordnung für die Dreifachturnhalle
(Kierspe) Angesichts der ständig steigenden Nachfrage nach Trainingsmöglichkeiten berät der Sportausschuss in seiner heutigen Sitzung über eine neue Nutzungsordnung für die Dreifachturnhalle. Im Gespräch sind nach Auskunft des Ausschussvorsitzenden Hermann Botzen sowohl eine Ausweitung der Öffnungszeiten als auch die Erhebung einer Nutzungsgebühr. Ein dringliches Anliegen sei es auch, eine Mindestanzahl von Sportlerinnen und Sportlern pro Trainingseinheit festzulegen, damit die Halle sinnvoll ausgelastet und nicht von Dreier- oder Vierergruppen pro Hallendrittel blockiert werde.

ÜBUNG 12 S. 95
<u>noch ziemlich kleiner</u> = vierjähriger – <u>vor ein paar Tagen</u> = am vergangenen Donnerstag – <u>irgendeiner spanischen Ferieninsel</u> = der Insel Fuerteventura – <u>irgendwie</u> = mit einem Reisebus – <u>Gruppe</u> = Reisegruppe – <u>uniformierten Männern</u> = Grenzbeamten und der Passkontrolle – <u>irgendwo</u> = auf der Toilette – <u>eine lange, lange Zeit</u> = zwei Stunden – <u>der nordrhein-westfälischen Stadt</u> = Düsseldorf – <u>von irgendwelchen Beamten</u> = deutschen Grenzschutzbeamten

ÜBUNG 13 S. 95
Der gekürzte Text:
Am Donnerstagvormittag verunglückte der elfjährige Schüler Timon S. während des Schwimmunterrichts im Hallenbad Ottobrunn. Nach dem Umkleiden hatte sich die Klasse des Jungen in der Halle neben dem großen Schwimmbecken versammelt und wartete auf ihren Sportlehrer. Timon sprang trotz eines ausdrücklichen Verbots des Lehrers in das nur etwa einen Meter tiefe Wasser. Dabei schlug er vermutlich auf den Boden des Beckens auf und verlor das Bewusstsein. Als seine Klassenkameraden bemerkten, dass sich ihr Mitschüler nicht mehr bewegte, sprangen einige von ihnen in das Wasser und holten ihn heraus. Nach einer kurzen Behandlung durch den Bademeister kam Timon wieder zu Bewusstsein. Er klagte aber über Kopfschmerzen und wurde zur Beobachtung in das nächstgelegene Krankenhaus eingeliefert.

ÜBUNG 14 S. 96
brannte ... aus – kamen ... davon – war – bemerkte – stoppte – ließ – musste – aufging – entwickelte sich – schmolz – entstand

ÜBUNG 15 S. 96
Lösungsvorschlag:
Bei den Leichtathletik-Schulmeisterschaften gab es am gestrigen Nachmittag einen überzeugenden Erfolg bei der Mädchen-Sprintstaffel in der Besetzung Lisa Hoffmann, Lena Beyer, Tamara Grühn und Anna Paffke. Sie siegten mit einer neuen Bestzeit von 54,46 Sekunden und ließen damit die anderen Staffeln weit hinter sich. Bei schlechten Witterungsverhältnissen hatte die erst dreizehnjährige Lisa Hoffmann das Rennen der siegreichen Staffel begonnen, sie konnte die Erwartungen aber nicht ganz erfüllen und kam mit einem Rückstand von etwa fünf Metern ins Ziel. Diesen konnten die weiteren Läuferinnen, allen voran Anna Paffke, die sich in glänzender Verfassung präsentierte, aber wieder aufholen und in einen Vorsprung

umwandeln. Verdienter Lohn für diese herausragende Leistung waren die von Schulleiter Fritz überreichten Urkunden und Medaillen sowie die Qualifikation für die Stadtmeisterschaften.

Klassenarbeiten

AUFGABE 1 **S. 97**

Text	**Erzählung**	**Bericht**
Absicht	Unterhaltung	Information
Aufbau	Einleitung Hauptteil Schluss	
Sprachliche Gestaltung	lebendig anschaulich spannend	klar keine Wertung sachlich
Zeitform	Grundform: Präteritum	
	zeitlich weiter zurückliegende Ereignisse (Vorzeitigkeit): Plusquamperfekt	

AUFGABE 2 **S. 97**

Wer? ein 22-jähriger Motorradfahrer, Fahrerin eines Pkw – **Was?** ein Verkehrsunfall zwischen einem Motorrad und einem Pkw – **Wann?** am Donnerstagvormittag um 9.30 Uhr – **Wo?** keine Antwort – **Wie?** Schleudern des Motorrads, aber rechtzeitiges Bremsen des entgegenkommenden Pkw – **Warum?** leicht überhöhte Geschwindigkeit, regennasse Fahrbahn – **Welche Folgen?** leichte Verletzungen des Motorradfahrers, Einlieferung ins Krankenhaus, Entlassung noch am gleichen Nachmittag

AUFGABE 3 **S. 98**

1. fand ... statt
2. zeigten beide Mannschaften ein erstklassiges Spiel
3. waren in den ersten Minuten sehr engagiert / gaben gleich das Tempo vor
4. ließen ... gefallen
5. eine sehr starke Leistung
6. es war ein recht glücklicher Sieg

AUFGABE 4 **S. 98**

[2] Jugendgästehaus
[6] Lena schläft tief, als Talibe schreit
[3] vermummte Person betritt das Zimmer und geht auf die Schränke zu
[7] Dieb rennt, ohne etwas gestohlen zu haben, aus dem Zimmer
[8] er läuft durch das Treppenhaus nach unten
[5] Person trug eine schwarze kurze Daunenjacke
[4] sie war etwa 1,80 m groß und trug eine rot-schwarz gestreifte Mütze
[1] es war gegen 5.30 Uhr

AUFGABE 5 **S. 99**

Heute gegen 5.30 Uhr kam es hier im Jugendgästehaus zu einem Zwischenfall. Eine vermummte Person betrat das Zimmer meiner Schülerinnen und ging auf die Schränke zu. Die Person war etwa 1,80 m groß, sie trug eine rot-schwarz gestreifte Mütze und eine schwarze kurze Daunenjacke. Eine Schülerin erschrak so sehr, dass sie laut schrie. Der Eindringling lief daraufhin, ohne etwas gestohlen zu haben, aus dem Zimmer und durch das Treppenhaus nach unten.

6 Argumentieren

ÜBUNG 1 **S. 101**

1. Meinung von Betroffenen
2. Tatsache / allgemeiner Grundsatz
3. Expertenmeinung
4. eigene Beobachtung und Erfahrung

ÜBUNG 2 **S. 101**

1. Der Sportunterricht sollte nicht gekürzt werden.
2. Hausaufgaben sollten nicht abgeschafft werden.
3. Die Klassenfahrt in ein Selbstverpflegerhaus ist eine gute Sache.

ÜBUNG 3 **S. 102**

1. Empfehlung: Die Fußballmannschaft der Klasse 7d sollte an den städtischen Schulmeisterschaften teilnehmen. – **Bewertung:** Die Fußballmannschaft der Klasse 7d ist sehr gut, weil viele Mitglieder der Mannschaft auch Vereinsspieler sind.
2. Behauptung: Die Abschaffung des Pausengongs ist eine gute Idee. – **Empfehlung:** Der Pausengong sollte abgeschafft werden.
3. Behauptung: Eine Jugendherberge im Schwarzwald ist ein gutes Ziel für eine Klassenfahrt. – **Bewertung:** Eine Klassenfahrt in eine Jugendherberge im Schwarzwald ist gut, weil der Schwarzwald viele Sportmöglichkeiten für Jugendliche bietet.

ÜBUNG 4 **S. 104**

Julia: 1, 3, 5, 9, 10, 11, 12
Mutter: 2, 4, 6, 7, 8

ÜBUNG 5 **S. 104**

1. Das Flugzeug ist das schnellste Verkehrsmittel. – Die Eisenbahn ist aber wesentlich umweltfreundlicher.
2. Ein Sonnenbad ist gut für den Körper und die Seele des Menschen. – Man muss aber auch die Gefahren durch zu intensive Sonneneinstrahlung beachten.
3. Vollkornbrot ist sehr gesund. – Pommes schmecken aber besser.
4. Bei Hallenfußballturnieren wird häufig technisch sehr guter Fußball geboten. – Die Verletzungsgefahr beim Hallenfußball ist aber sehr groß.

ÜBUNG 6 **S. 105**

1. Habe ich dich richtig verstanden, dass du dich im Chor und auch bei den Auftritten sehr wohlfühlst?
2. Bist du der Meinung, dass Katharina deswegen so eine gute Klassensprecherin ist, weil sie sich für alle in der Klasse einsetzt?
3. Habe ich dich richtig verstanden, dass du lieber in ein Selbstverpflegerhaus möchtest, weil dir das Essen in der Jugendherberge nicht so gut schmeckt?
4. Meinst du also, dass es besser ist, mehr Unterricht zu haben und dafür weniger Hausaufgaben aufzuhaben?
5. Habe ich dich richtig verstanden, dass du der Meinung bist, dass durch Klassenarbeiten zu viel Leistungsdruck ausgeübt wird?

ÜBUNG 7 **S. 105**

Argumente: der Zeltplatz liegt an einem wunderschönen See – allen Jugendlichen macht es viel Spaß, auf Holzböden in großen Zelten zu schlafen – man erlebt eine gute Gemeinschaft – man lernt sogar kochen – meine Mutter meint, dass ich letztes Jahr im Zeltlager viel gelernt habe – gemeinsam würden wir im Zeltlager viel Spaß haben

ÜBUNG 8 **S. 106**

Lösungsvorschlag:
Liebe Laura,
ich möchte lieber drei Wochen Urlaub mit meinen Eltern machen. Sie planen eine Flugreise in den Süden. Im Katalog haben sie eine schöne Hotelanlage ausgesucht, die auf jeden Fall schöner ist als ein Zeltplatz am See. Außerdem muss ich dort nicht in einem großen Zelt schlafen, sondern habe ein eigenes Hotelzimmer. Dort lerne ich auch viele Jugendliche kennen, sodass ich im Urlaub ebenfalls eine gute Gemeinschaft erleben kann. Ich lerne dort zwar nicht selbst zu kochen, aber dafür können wir uns viele Sehenswürdigkeiten anschauen. Spaß werde ich im Urlaub auf jeden Fall haben, weil im Hotel jeden Abend eine Disco veranstaltet wird.
Deine Lena

ÜBUNG 9 **S. 106**

Lösungsvorschlag:
E.: Ich bin dafür, in den Schwarzwald zu fahren, weil man dort leichte Bergwanderungen unternehmen kann. Für uns aus dem flachen Land ist das doch mal etwas anderes.
N.: Meinst du, dass es für uns gut wäre, einmal etwas kennenzulernen, was es in unserer Region nicht gibt? Deswegen würde ich lieber an die Nordsee fahren. Eine Wattwanderung ist für

uns auch ein besonderes Ereignis. Wir lernen dort viel über die Natur im Wattenmeer.
E.: Die Jugendherberge, die ich ausgesucht habe, liegt direkt an einem See, auf dem man auch eine Bootsfahrt machen kann.
N.: Verstehe ich es richtig, dass dir auch eine schöne Unterkunft sehr wichtig ist? Die Jugendherberge an der Nordsee ist gerade neu errichtet worden und besitzt sogar ein Schwimmbad. Und mit einem Schiff kann man dort auch fahren. Wir könnten eine Schiffsfahrt zu einer der vorgelagerten Inseln machen.
E.: Im Schwarzwald gibt es viele Möglichkeiten, sich sportlich zu betätigen. Wir können dort mit dem Kanu fahren und auf einer Sommerrodelbahn ins Tal sausen.
N.: An der See können wir unsere Kenntnisse in Biologie erweitern, indem wir eine Angelfahrt machen und eine Seerobbenaufzuchtstation besuchen. Außerdem können wir unser Ziel dort umweltfreundlich mit der Bahn erreichen.
E.: Du hast noch gar nichts zu den abendlichen Aktivitäten gesagt. In der Jugendherberge im Schwarzwald wird jeden Abend eine Disko veranstaltet und außerdem können wir auch am Ufer grillen.

ÜBUNG 10 **S. 108**

Ihnen vielleicht bekannt ist – **S**ie als Schülerin – wissen **S**ie – Können **S**ie sich – Euren (euren) Brief – dass Ihr (ihr) mich – wie Ihr (ihr) – Euren (euren) Ärger – Euer (euer) Anliegen – mit Euch (euch)

ÜBUNG 11 **S. 108**

1. Ich bin verärgert darüber, dass der Schulbus häufig zu spät kommt.
2. Wir fordern die älteren Schülerinnen und Schüler dazu auf, zum Ende der Pause im Treppenhaus nicht so zu drängeln.
3. Ich finde, dass die Schülerinnen und Schüler durch zu viele Hausaufgaben überfordert werden.

ÜBUNG 12 **S. 109**

Liebe Frau Bienemann,
heute möchte ich mich zu der Frage äußern, ob in unserer Schule ein Pausenladen~~, oder man könnte auch Schülerbüdchen sagen,~~ eröffnet werden soll. Ich bin der Meinung ~~– genauso wie meine Freundin Annika –~~, dass ein Pausenladen für viele Schülerinnen und Schüler eine gute Möglichkeit bietet, sich günstig etwas zu kaufen. Manchmal lassen die Schülerinnen und Schüler ihre Brote daheim ~~auf dem Küchentisch, auf der Arbeitsplatte oder an der Garderobe~~ liegen und müssen den ganzen Vormittag hungern. Schlimm ist es aber auch, wenn man Durst hat und sich ~~in den Stunden~~ nach kühlen~~, erfrischenden und belebenden~~ Getränken sehnt ~~und nur noch an Wasser, Milch oder Saft denkt~~. Natürlich weiß ich auch, dass wir erst einen geeigneten Raum dafür finden müssen. Als Raum für den neuen Laden würde sich der Raum ~~vorne links, neben dem Hausmeisterraum und gegenüber von dem Abstellraum und~~ schräg gegenüber dem Chemieraum anbieten. Hoffentlich haben meine ~~überzeugenden~~ Argumente Sie überzeugt, sodass wir schon zum nächsten Schuljahr einen Pausenladen bekommen.

ÜBUNG 13 **S. 109**

Lösungsvorschlag:
Sehr geehrte Frau Müller,
da Sie die Vorsitzende des Fördervereins sind, wende ich mich heute an Sie. Ich bitte Sie um einen Zuschuss zu unserer Klassenfahrt in die erste Jugendherberge der Welt, die sich auf der Burg Altena in Westfalen befindet. Obwohl wir schon die günstigste Anreisemöglichkeit gewählt haben, können nicht alle Schülerinnen und Schüler unserer Klasse die Fahrtkosten tragen. Für die Wahl unseres Ziels spricht, dass wir das Thema „Jugendliche vor 100 Jahren" gerade im Geschichtsunterricht durchnehmen und die Fahrt so eine gute Ergänzung darstellt. In der Burg können wir viel über die Entstehung der Burg und der ersten Jugendherberge lernen. Außerdem gibt es in der Nähe der Burg viele Wandermöglichkeiten, was für uns Stadtkinder

besonders reizvoll ist. Wir freuen uns darauf, in dieser Jugendherberge zu wohnen, und hoffen auf Ihre Unterstützung für unsere Fahrt.
Mit freundlichen Grüßen
Florian Falkner

Klassenarbeiten

AUFGABE 1 **S. 110**

1. Ich bin für die Einrichtung eines Schulgartens als Ergänzung zum Biounterricht, weil ich das Wachsen der Pflanzen einmal selbst beobachten will. Ich bin auch bereit, Mitverantwortung für die Pflege des Schulgartens zu übernehmen.
2. Als nächsten Klassenausflug sollten wir eine Radtour machen. Das Wetter im Mai ist erfahrungsgemäß gut, außerdem gibt es in unserer Gegend sehr viele und sehr gute Radwege, und wir haben im letzten Schuljahr ja alle die Fahrradprüfung abgelegt.
3. Ich schlage vor, dass in unserem Klassenraum ein Computer installiert wird, so können wir unter Aufsicht der Lehrerinnen und Lehrer ungehindert auf Informationen aus dem Internet zugreifen und einen vernünftigen Umgang mit diesem Medium erlernen.
4. Nächstes Jahr sollte es in unserer Schule eine gemeinsame Karnevalsdisco geben, denn das gemeinsame Feiern stärkt die Gemeinschaft unter den Klassen, Lehrerinnen und Lehrer könnten Aufsicht führen und der Gewinn käme der Schülerkasse zugute.
5. Ich plädiere für die Verlegung der Klassenarbeit in die nächste Woche, weil wir ein wenig Zeit zum Üben brauchen, da wir in dieser Woche schon zwei Arbeiten geschrieben haben, und damit Pia heute ihren Geburtstag ungestört feiern kann.

AUFGABE 2 **S. 110**

Lösungsvorschlag:
1. Ja, deswegen gehen wir so oft dorthin, aber eine Radtour ist etwas Besonderes.
2. Das stimmt, aber die meisten Sehenswürdigkeiten in unserer Gegend habe ich schon längst gesehen.
3. Es macht Spaß, sich ein bisschen körperlich anzustrengen und fit zu werden.
4. Das kann sein, aber wenn wir schon morgens da sind, ist noch genug Platz.
5. Das ist kein Problem, denn wir können ihn ja gemeinsam reparieren.
6. Das stimmt, aber ich finde, es hat riesigen Spaß gemacht.
7. Du hast recht, wir fahren gerne etwas schneller, aber wir versprechen dir, Rücksicht zu nehmen.

AUFGABE 3 **S. 111**

Lösungsvorschlag:
Ich bin der Meinung, dass der Sponsorenlauf auf jeden Fall stattfinden sollte, weil unsere Partnerschule dringend Geld für neue Schulbücher benötigt. Natürlich kann es im November auch kalt sein, aber man kann sich ja warm anziehen. Außerdem halte ich den Zeitpunkt für günstig, weil die Menschen gerade vor Weihnachten sehr bereitwillig spenden.

AUFGABE 4 **S. 111**

Lösungsvorschlag:
Sehr **g**eehrte Damen und Herren,
wie **S**ie vielleicht wissen, gibt es an unserer Schule schon seit mehreren Jahren eine Schülerzeitung. **Wir bitten Sie heute, diese Zeitung durch eine Anzeige für 35 € zu unterstützen. Unsere Zeitung hat eine Auflagenhöhe** von 600 Stück. Da die Zeitung hauptsächlich von unser**en** Schülerinnen und Schülern gelesen wird, wird **s**ie vor allem im Süden unserer Stadt gelesen, also in dem Gebiet, in dem **I**hre Geschäfte liegen. **Aber nicht nur** unsere Schülerinnen und Schüler lesen diese Zeitung**,** auch **i**hre Eltern werfen einen Blick **hinein.**
Wir hoffen, dass **S**ie angesichts der **genannten** Argumente in **u**nserer Zeitung inserieren.
Mit freundlichen Grüßen
Lennart und Lukas
(Redakteure der Schülerzeitung)

AUFGABE 5 S. 112

Krimis im Fernsehen: 1, 7, 11
Lehrreiche Wissensmagazine: 2, 5, 12
Neuverfilmungen bekannter Märchen: 3, 6, 9
Fußballspiele im Fernsehen: 4, 8, 10

AUFGABE 6 S. 113

Geordnet nach Behauptung – Begründung – Beispiel:
Krimis im Fernsehen: 1 – 7 – 11
Lehrreiche Wissensmagazine: 5 – 2 – 12
Neuverfilmungen bekannter Märchen: 9 – 6 – 3
Fußballspiele im Fernsehen: 4 – 10 – 8

AUFGABE 7 S. 113

für den Verkauf von Süßigkeiten: 1, 4, 6, 7
gegen den Verkauf von Süßigkeiten: 2, 3, 5, 8

AUFGABE 8 S. 113

Meinung der Eltern: Kein Verkauf von Süßigkeiten, weil die Kinder dafür zu viel Taschengeld ausgeben und weil Süßigkeiten dick machen.
Meinung der Lehrer / -innen: Kein Verkauf von Süßigkeiten, weil dies zu vermehrtem Müll in der Schule führt und weil die Schülerinnen und Schüler Süßigkeiten während des Unterrichts essen.
Meinung der Schüler / -innen: Verkauf von Süßigkeiten, weil Schülerinnen und Schüler selbst über den Konsum von Süßigkeiten entscheiden wollen.

7 Umgang mit Texten

ÜBUNG 1 S. 116

1. mit Kamelen
2. Es hat keine Höcker.
3. 1,5 m Rückenhöhe
4. das lange, dichte Fell
5. in den Anden

ÜBUNG 2 S. 116

1. Kamele; **2.** Anden; **3.** Inka

ÜBUNG 3 S. 116

1. Es wird als **Tragtier / Lasttier** genutzt.
2. Seine **Wolle** wird zu **Kleidern**, **Teppichen** und **Stricken** verarbeitet.
3. Aus seinem **Fett** kann man **Kerzen** herstellen.

ÜBUNG 4 S. 116

Lamas **stammen vom Guanako ab.** Sie wurden vor mindestens **4500 Jahren** von den **Inka gezüchtet.**

ÜBUNG 5 S. 117

im 13.–16. Jahrhundert riesiges Reich in Südamerika – Mittelpunkt des Reiches: Peru – Hauptstadt: Cuzco – gebirgiges Land

ÜBUNG 6 S. 117

1. zeitweise Ausdehnung vom heutigen Chile bis Kolumbien **2.** Pazifik **3.** in Peru, nordwestlich von Cuzco

ÜBUNG 7 S. 118

Geschichte: vom 13.–16. Jahrhundert Herrscher eines riesigen Reiches in Südamerika – Hauptstadt Cuzco
Besondere Leistungen: Straßenbau zur Verbindung entlegener Landesteile – Schaffung großartiger Bauten und von Bewässerungsanlagen

ÜBUNG 8 S. 118

1538 Eroberung der Hauptstadt Cuzco durch den Spanier Pizarro – Gefangennahme des Königs – Bereitstellung eines Schatzes durch die Inka zur Freilassung des Königs – Erdrosselung des Königs durch die Spanier – bis 1569 Eroberung und Zerstörung des Inkareiches und Tötung vieler Eingeborener

ÜBUNG 9 S. 118

1. Die Inka beherrschten in Südamerika ein großes Reich in der Zeit vom 13. bis zum 16. Jahrhundert. Die Hauptstadt Cuzco lag auf dem Gebiet des heutigen Peru.
2. Eine besondere Leistung der Inka bestand in der Verbindung der entlegenen Landesteile durch Straßen. Diese Straßen wurden jedoch nicht zum Fahren genutzt, weil die Inka das Rad

entweder noch nicht kannten oder angesichts der gebirgigen Straßen nicht nutzten. Außerdem errichteten sie beeindruckende Bauwerke und Bewässerungsanlagen, die noch heute genutzt werden.
3. Die Hauptstadt der Inka wurde 1538 durch den Spanier Pizarro und 180 Leute eingenommen. Dabei wurde auch der König der Inka festgenommen. Pizarro forderte als Gegenleistung für dessen Freilassung Gold und Schätze, die die Inka auch zur Verfügung stellten. Die Spanier nahmen die Kostbarkeiten zwar an; aber trotzdem töteten sie den König und eroberten hinterher das ganze Reich. Bei der Eroberung wurden viele Inka getötet. Bis 1569 wurde ihr Reich ganz von den Spaniern in Besitz genommen.

ÜBUNG 10 S. 120
Hain: Wald – Lenz: Frühling – Leu: Löwe – Pfad: schmaler Weg – Klüfte: Felsspalten – Gestade: Ufer

ÜBUNG 11 S. 120
treu wie Gold – rot wie Blut – flink wie ein Wiesel – kalt wie Eis – sich wie gerädert fühlen – unscheinbar wie ein Mauerblümchen sein – reden wie ein Wasserfall – lahm wie eine Ente sein

ÜBUNG 12 S. 120
still – träumen – sacht – leis' – stillen Lande

ÜBUNG 13 S. 121
1. Zwischen Himmel und Erde scheint eine große Harmonie zu herrschen.
2. Das lyrische Ich fühlt sich wohl, es ist frei und unbeschwert.
3. Das lyrische Ich genießt die Stille und die Eindrücke der Mondnacht, es fühlt sich ganz wohl, so als ob es zu Hause wäre.

ÜBUNG 14 S. 121
1. etwas im Schilde führen
2. die Ohren spitzen
3. jemanden an die Luft setzen

ÜBUNG 15 S. 123
Dornröschen + Spindel: Dornröschen sticht sich an der Spindel und fällt dadurch in einen hundertjährigen Schlaf.
Schneewittchen + Apfel: Schneewittchen isst den vergifteten Apfel und stirbt.
Froschkönig + goldene Kugel: Der Froschkönig holt die goldene Kugel der Prinzessin aus dem Brunnen.

ÜBUNG 16 S. 123
Der Fuchs und der Rabe: Lehre b)
Das Pferd und der Esel: Lehre c)

ÜBUNG 17 S. 124
Text 1: Personen: Wieland, Egil, Schlagfittich, Niedung – Orte: Norden Europas, Wolfssee, Wolfstal
Text 2: keine Angaben zu Personen- und Ortsnamen

ÜBUNG 18 S. 124
Text 1: Sage
Text 2: Märchen

Klassenarbeiten

AUFGABE 1 S. 125
Ganz unverhofft an einem **Hügel**
Sind sich begegnet Fuchs und Igel.
Halt, rief der Fuchs, du Bösewicht!
Kennst du des Königs Ordre **nicht**?
Ist nicht der Friede längst **verkündigt**,
Und weißt du nicht, dass jeder sündigt,
Der immer noch gerüstet geht?
Im Namen seiner **Majestät**
Geh her und übergib dein Fell.
Der Igel sprach: Nur nicht so **schnell**.
Lass dir erst deine Zähne **brechen**,
Dann wollen wir uns weiter sprechen!
Und allsogleich macht er sich **rund**,
Schließt seinen dichten Stachelbund
Und trotzt getrost der ganzen **Welt**
Bewaffnet, doch als Friedensheld.

AUFGABE 2 **S. 125**

Gedicht: Reime, Verse

Fabel: sprechende Tiere, ein Ereignis wird erzählt, Lehre

AUFGABE 3 **S. 126**

Fuchs: listig, redegewandt, forsch, übertölpelnd, den eigenen Vorteil suchend

Igel: gelassen, ruhig, unbeeindruckt, scheu, umsichtig, wehrt sich mit seinen Stacheln gegen Feinde

AUFGABE 4 **S. 126**

1. „Ordre“ ist eine Anordnung / ein Befehl des Königs.

2. Der Igel ist ein Friedensheld, weil er zwar Waffen – seine Stacheln – hat, diese aber nicht zum Angriff gebraucht.

3. Der Text vermittelt folgende Lehre: Um sich gegen das Böse wehren zu können, darf man nicht zu dumm sein.

AUFGABE 5 **S. 126**

Lösungsvorschlag:

Der Igel dachte: „Habe ich wieder einmal nicht richtig zugehört? Da bin ich aber froh, dass der Fuchs mich auf den Befehl aufmerksam gemacht hat. Nicht auszudenken, was passiert wäre, wenn die Soldaten des Königs mich aufgegriffen hätten.“ Also löste der Igel seinen Stachelmantel und übergab ihn dem Fuchs, der ihn zufrieden und siegessicher anlächelte. Als die beiden gemeinsam ein Stück des Weges gegangen waren, fragte der hungrige Fuchs hinterlistig: „Sollen wir jetzt eine Rast einlegen und uns etwas stärken? Ruh dich schon einmal hier aus! Ich besorge uns auf dem Bauernhof ein paar Eier und ein Huhn zum Mittagessen.“ Der scheue Igel begann sich über die unverhoffte Fürsorge seines Reisegefährten zu wundern, ließ sich aber nichts anmerken. „Gerne“, sprach er, „lege ich mich hier ins Gras und halte schon einmal meinen Mittagsschlaf. Lass mir doch bitte meinen Mantel. Ich friere sonst so sehr.“ Bei sich dachte er, dass es wohl das Beste sei, sich in den Stachelmantel zu kuscheln, damit er nicht im Schlaf von seinem hungrigen Mitreisenden überfallen würde.

Der Fuchs, der den Besuch des Bauernhofs nur vorgegeben hatte, versteckte sich hinter der nächsten Eiche. Nach langem Überlegen stellte er jedoch fest, dass er den Igel im Stachelmantel weder überrumpeln noch verspeisen könnte. So kehrte er mit zerknirschter Miene zu seinem schlafenden Reisegenossen zurück, weckte ihn und log ihm scheinheilig vor, dass der große bellende Hofhund ihm keine Chance gelassen hätte, überhaupt irgendwelche Beute zu machen. Der gelassene Igel, der mittlerweile die Absicht des Fuchses durchschaut hatte, machte nun einfach keine Anstalten mehr, seinen Mantel auszuziehen. Höflich verabschiedete er sich und sagte: „Ich gehe nun in den Wald. Dort treffe ich ohnehin keine Soldaten. Deshalb brauchst du meinen Mantel auch nicht mehr zu tragen. Vielen Dank für deine Mühe.“ Der Fuchs, der seinem Ziel so nahe gewesen war, blickte enttäuscht hinter ihm her.

DUDEN

ISBN 978-3-411-72164-1